Betrachtungen Über Einige Unrichtigkeiten In Den Betrachtungen Über Die Kriegskunst, Über Ihre Fortschritte, Ihre Widersprüche Und Ihre Zuderlässigteit

Georg Heinrich von Berenhorst

Nabu Public Domain Reprints:

You are holding a reproduction of an original work published before 1923 that is in the public domain in the United States of America, and possibly other countries. You may freely copy and distribute this work as no entity (individual or corporate) has a copyright on the body of the work. This book may contain prior copyright references, and library stamps (as most of these works were scanned from library copies). These have been scanned and retained as part of the historical artifact.

This book may have occasional imperfections such as missing or blurred pages, poor pictures, errant marks, etc. that were either part of the original artifact, or were introduced by the scanning process. We believe this work is culturally important, and despite the imperfections, have elected to bring it back into print as part of our continuing commitment to the preservation of printed works worldwide. We appreciate your understanding of the imperfections in the preservation process, and hope you enjoy this valuable book.

Betrachtungen
über einige
Unrichtigkeiten
in den
Betrachtungen
über die
Kriegskunst
über
ihre Fortschritte, ihre Widersprüche
und
ihre Zuverlässigkeit.

Auch für Layen verständlich, wenn sie nur Geschichte wissen.

Berlin,
bei Friedrich Nicolai
1802.

G. H. v. Benenhorst

Vorbericht.

Der erste Theil des Buchs, worüber hier einige Betrachtungen angestellt werden, kam im Jahr 1797 heraus, und es erschien 1798 eine nur wenig vermehrte Ausgabe; der zweyte und dritte Theil wurden in den Jahren 1798 und 1799 gedruckt. Dieses Buch erregte bey dem deutschen Publikum keine geringe Sensation. Der Verf. ist ein Mann, dem weder militarische Erfahrung noch vorzügliche historische Kenntnisse abzusprechen sind, und welcher dabey viel Menschlichkeit und Wohlwollen zeigt. Dieses, verbunden mit einer kräftigen und blühenden, obgleich nicht immer korrekten Schreibart, nahm die Leser sehr zu seinem Vortheile ein. Hiezu kam noch, daß derjenige, der es sich zum Geschäfte macht, Paradoxien zu behaupten, sehr leicht den Leser an sich zieht, indem dieser bey einem solchen Schriftsteller beständig etwas Neues und Unerhörtes findet, und sich daher von manchen einseitigen Darstellungen desto eher täuschen läßt. Unser Verf. hat es hauptsächlich darauf angelegt, die stehenden Armeen im ungünstigsten Lichte zu zeigen und zugleich die Meinung zu verbreiten, das Studium der Kriegskunst sey von äußerst geringem Werthe, und Männer ohne Kenntnisse hätten eigentlich die größten Thaten verrichtet; daher er viele Generale höchst unrichtig beurtheilt. Dabey ist beständig eine auffallende Bitterkeit des Verfassers wider den König Friedrich den Zweyten von Preußen zu bemerken, welcher als Mensch, als Held und Soldat, und als Monarch, von ihm äußerst herabgesetzt wird. Schon dieses allein mußte das Buch vielen Lesern merkwürdig machen. Nicht nur dem nachdenkenden Forscher der neuern Geschichte war es willkommen, einen so weit über das gemeine Loos der Menschheit erhobenen Mann von einer ganz neuen Seite gezeigt zu sehen, sondern auch diejenigen, denen entweder die Größe des menschlichen Geistes ein Unding scheint, oder welche sich selbst erhöht glauben, wenn einem großen Manne die Schwachheiten, von welchen auch der größte Sterbliche nie ganz frey ist, über die Gebühr aufgemutzt werden, staunten die neue Charakterisirung eines Königs an, welcher in der Geschichte einen so ehrenvollen Platz einnimmt.

Der Verf. der gegenwärtigen kleinen Schrift bekennt gern, daß er sich auch eine ziemliche Zeitlang durch manche Darstellungen des Verfassers hat täuschen lassen. Es schien ihm anfänglich vieles wahr, wovon er jetzt, nach reiferer Untersuchung, die Falschheit nur allzu deutlich einsiehet. Da nun weder der Verf. zu den gemeinen Schriftstellern, noch das Buch zu den schlechten Geisteswerken gehört, so hat er geglaubt, es würde nützlich seyn, dasselbe einer nochmaligen Prüfung zu unterwerfen; damit nicht durch die Autorität eines sonst schäzenswürdigen Schriftstellers schädliche Vorurtheile fortgepflanzt und nützliche Wahrheiten unterdrückt würden. Es soll hier daher jeder einzelne Abschnitt des Werks durchgegangen und über manche Behauptungen des Verfassers Einiges angemerkt werden. Wahrheitsliebe und Unparteylichkeit sollen dabey die Führer seyn. Es wäre noch mehr zu erinnern, aber dieß mag genug seyn. Den Klagen über das Unglück des Kriegs und über das Spiel, welches die Politik oft mit Recht und mit Wohlstand der Länder treibt, mag ein Menschenfreund wohl beystimmen, wird sich aber auch erinnern, daß die frommen Wünsche, daß es anders seyn möchte, eben so sehr in dem Traktätchen eines St. Pierre, als in Betrachtungen über die Kriegskunst, rêves d'un homme de bien bleiben, und weiter nichts. Wenn aber unser Verf. in seinem Mißmuthe mit dem, was er unter der Regierung K. Friedrichs des Zweyten erlebte, so oft zu verstehen giebt, als wäre es in ältern Zeiten mit Krieg und Politik besser beschaffen gewesen, als zu den Zeiten Friedrichs des Großen und jetzt, so wird ihm jeder Kenner der Geschichte widersprechen müssen.

I. Abschnitt. Griechen und Römer.

S. 1. „Einem eine Garbe" (hier eine gewisse Anzahl Spieße) „in die Rippen tragen," ist in der That ein so ungewöhnlicher als unrichtiger Ausdruck. Dieß sey hier nur angeführt, um Ein Beyspiel unter vielen zu geben, daß ein so vorzüglicher Schriftsteller wie der Verf. ist, oft inkorrekt schreibt, welches zu beklagen ist. Freylich aber, die unrichtige Darstellung vieler Gegenstände ist noch wichtiger. S. 13. „Das Ideal zu dem „traurenden Subjekt, aus welchem man heut „zu Tage den Soldaten herauszwängt, war „noch in keines Menschen Sinn gekommen." Dieß, so wie alles, was der Verf. hier in der Note vom Ausheben der Soldaten sagt, ist höchst übertrieben. — Es ist einmal zur Mode geworden, den Stand des gemeinen Soldaten als höchstbedaurungswürdig darzustellen, weil gewisse Leute alle stehende Heere auflösen möchten. — Der Verf. muß aus eigener Erfahrung wissen, daß der jetzige gemeine Soldat das traurende Subjekt nicht ist, als welches er ihn hier darstellt. Der gemeine griechische und römische Soldat war gewiß in keiner bessern Lage, als unser jetziger gemeiner Soldat, dessen Schicksal, wenn er auch keine Profession erlernt hat, doch nicht selten besser ist, als das Schicksal des Tagelöhners. Denn der gemeine Soldat — wenigstens der preußische — kann beynahe das ganze Jahr hindurch auch 6 bis 8 Groschen täglich verdienen, wie der Tagelöhner, vor dem er noch den Vorzug hat, daß er gekleidet wird, freyes Quartier und Holz hat, und Pflege und Medikamente erhält, wenn er krank wird. Wohlhabenheit muß man freylich beym Militarstande nicht suchen wollen, wenn man nicht, wie unser sonst so einsichtsvoller und wohldenkender Verfasser so sehr oft thut, Klagen übertreiben und gutgemeinte Grillen für Wahrheiten ausgeben will.

II. Abschnitt. Das Feuergewehr.

Ich finde in diesem Abschnitte mehrere Stellen, bey welchen ich der Begierde, sie abzuschreiben, um den Leser mit dem Geiste des Verfassers desto bekannter zu machen, nicht widerstehen kann. Er verwirft, und das mit Recht, das Feuern der Kavallerie, und sagt S. 42: „Alles Feuern der Kavallerie, ist es, genau überdacht, etwas anderes, „als einen Karabiner zu Pferde setzen, und ihm

„eine mobile Grundlage geben, damit sein Schuß „desto schlechter treffe?" — Wie glücklich zeichnet der Verf. Gustav Adolph! — Er war religiös, offenherzig, redselig und anziehend für Große und Kleine. — Von Bernhard, dem Herzoge von Weimar, sagt er S. 45: „An Unerschrockenheit, Rast„losigkeit, Schnelligkeit der Unternehmungen, an „Thaten des Armes und des Muthes, kommt kein „Feldherr über ihn zu stehen. Rittersmann der „Vorzeit, und General der neuern Zeit, beydes „war Herzog Bernhard zugleich." —

Wahr, aber, wie gewöhnlich, bitter gesagt, heißt es S. 51: „Zu jetziger Zeit sind die Heere „auf das reichlichste mit Generalität aller Abstu„fungen versorgt, ohne daß man etwa behaupten „könnte, es sey ihnen an innerem Werthe, oder „an Schnellkraft, etwas Spürbares dadurch zuge„wachsen." In allen europäischen Heeren ist es einmal eingeführt, daß alle, die bis zum Regimente herauf gedient haben, den Federhuth, d. h. den Generals-Titel erhalten. Daher so viele Generale als Regimenter, und manchmal noch einige mehr. Im Frieden schleicht sich das so hin, und verursacht eben keine große Nachtheile, weil der General an Emolumenten nicht mehr zieht, als er als Oberster und Chef gezogen haben würde. Die Stempelkammer und Chargenkasse gewinnen noch dabey. — Im Kriege aber, oder vielmehr schon bey der Mobilmachung der Armeen, zeigen sich die Nachtheile dieser großen Anzahl Generale. — Sie müssen wegen ihres höhern Ranges eine größere Anzahl sogenannter Tafelgelder, Fourage und Mobilmachungsgelder erhalten. Da verliert der Staat zehnfach, was er an jenen Stempel- und Chargen-Gebühren gewonnen hat. — Die Generale sind öfters und meistens abgelebte Greise. Der kommandirende Feldherr will ein kleineres Korps, bestehend aus mehreren Brigaden Infanterie und Kavallerie, detaschiren, und an die Spitze desselben einen talentvollen, raschen, unternehmenden, aber an Alter und Anciennetät jüngern General setzen. — Wie soll dieß geschehen, ohne die ältern Herren zu beleidigen! Zurückbleiben können und wollen sie nicht; und mitgehen sollen sie nicht! — Dieß verursacht bey unsern Heeren große Verlegenheiten, und kann für den Gang der Operationen nicht anders als höchst nachtheilig seyn. — Es gäbe vielleicht Mittel, diesem Uebelstande abzuhelfen; — die Vorschläge dazu gehören indessen nicht hieher. — Den Dritten der Oranier, den unsterblichen Friedrich Heinrich, nennt der Verf. S. 55 den Aristoteles im Harnisch. —

Von Turenne sagt er auf eben dieser Seite: „Als Feldherr gewöhnte er sich, den bevorstehenden „Feldzug jedesmal wie ein Ganzes zu überschauen; „setzte sich bestimmte Zwecke, welche er erreichen

"wollte, und überschlug, was seine Gegner dawi-
"der thun könnten, so wie die Mittel, die ihnen
"dabey zu Gebote standen. In allem diesem über-
"traf er den feurigen Gustav, den astrologischen
"Wallenstein, und den wagenden Bernhard." —
Ich füge hinzu: daß Turenne hierin auch alle
Staatsmänner übertraf, die im Jahr 1792 am
Ruder der Staaten saßen, und leider Turenne's
Gewohnheit, sich in dem damals bevorstehenden
Feldzuge bestimmte Zwecke vorzusetzen, und zu
überschlagen, was ihre Gegner dawider thun könnten, nicht besaßen. — Viele dieser Herren mögen
noch in dem Wahne stehen, daß es Thorheit sey,
Operationspläne für künftige Kriege und Feldzüge
zu entwerfen, oder auch nur die Materialien dazu
in Zeiten zu sammlen.

IV. Abschnitt. Die Franzosen.

Vortrefflich sagt der Verf. S. 74 und 75: "Unter andern hatten" — ehemals — "unsere Fran-
"zosen das Geheimniß gefunden, und überall zur
"Mode gemacht, durch Stiefeln, völlig einem Fasse
"gleich, den Reitern alle die Unbehülflichkeit der
"Beinschienen des Mittelalters wieder zu geben.
"Wahrscheinlich waren es diese beschwerlichen Stie-
"feln, welche veranlaßt hatten, daß sich ein Mit-

„telding zwischen Reiter und Fußknecht einführte:
„reitendes Fußvolk, eine ursprünglich nicht übel
„ersonnene Idee. Es wird sicherlich bey mancher-
„ley Vorfällen großen Vortheil gewähren, wenn
„Fußvolk geschwind anlangt, ohne zum Nie-
„derstürzen außer Athem zu seyn, absitzt, und die
„kleinen, frommen Klepper reihenweise aneinander
„befestiget, zurückläßt, u. s. w. Weiter durfte die
„Sache nicht getrieben werden; man sollte hiermit
„zufrieden gewesen seyn. — Der Aberwitz be-
„gnügte sich jedoch nicht, sondern stellte sein unbe-
„rittenes Fußvolk in die Schlachtordnung ein, um
„die Zahl der Reiterey zu vermehren. Diese Ver-
„zweifachung des Zweckes erforderte vollständig
„unterrichtete Reiter, und wenn man nicht umge-
„ritten seyn wollte, auch einen größern, muthigern
„Schlag Pferde, der sich nicht so willig koppeln
„und führen läßt, als jene Klepper, die von allen
„Landstraßen zusammengekauft werden können, und
„für jedermann reitbar sind. — — — Der erste
„Endzweck fiel in diejenige Vergessenheit, wo mehr
„anderes, was man ehemals für gut hielt, ruhet.
„Ich sollte denken, daß zu der heut zu Tage be-
„liebten reitenden Artillerie, berittenes Fußvolk
„sehr nothwendig wäre, und ohne dasselbe die
„herrliche Invention, mit Kanonen wie mit Post-
„chaisen zu fahren, unvollkommen bliebe." —
Sehr wahr, aber, wie so viele Wahrheiten, — die

gesagt, gehört und doch nicht befolgt werden. Video meliora proboque, deteriora sequor.

V. Abschnitt. Weite und Anzahl.

In diesem, mit einer etwas dunkeln Aufschrift versehenen Abschnitte, zeigt der Verfasser, worin eigentlich die Kriegskunst der Neuern (vom Utrechter und Badener Frieden an) von der Kriegskunst der Römer und Griechen verschieden sey; und woher es komme, daß in unsern neueren Heeren eine weit größere Anzahl Officiere aufgestellet sey, als in den Armeen der Griechen und Römer, und selbst in den Armeen des sechszehnten Jahrhunderts. — Der Verf. sucht die Ursache in dem immer größer werdenden Mangel tüchtiger Subjekte zum gemeinen Soldaten. — In diesem Abschnitte fällt der Verfasser auch sein Urtheil über die militärischen Schriften eines Montecuculi, Turenne, Puysegur, St. Cruz, Villars, insbesondere aber über Follards Kolonnen-System.

Man kann dem Verf. das Talent, seine öfters sehr wahren Urtheile mit gedrängter, kraftvoller Kürze zu sagen, nicht absprechen; es scheint mir aber, als wenn er dadurch manchmal in den Fehler der Dunkelheit verfalle. So sagt er z. B. S. 110. 111: „Er (Folard) verspricht sich ungemein viel

„vom blanken Gewehr, und fordert die gekürzte
„Pieke, als Partisane, zurück; mit guten Grün-
„den behauptet er, daß lange, schmale, nur vier
„Mann hohe Bataillone zu schwach sind, nicht
„feststehen, und wenn sie vorwärts rücken, schwan-
„ken und flattern. Aber, ohne Rücksicht auf
„schweres Geschütz, oder vielmehr, ohne
„ein weniger fehlbares Mittel, selbiges
„schnell zu ergreifen, und ihm den Hals
„umzudrehen, als Folardischen Kolonne,
„ist kein System der Taktik mehr mög-
„lich." — Ich glaube, daß die unterstrichene Stelle deutlicher hätte gesagt werden können, ohne an ihrer Kürze zu verlieren. —

S. 63. Die Absicht, seinen Gegner durch die Tausende der abgeschickten Kugeln zu Boden zu strecken; der Wahn, bloß mit dem Zeigefinger der rechten Hand zu siegen, und die dünnere Stellung, sollen, dem Verf. zufolge, der Taktik vollends den letzten Stoß gegeben haben. — Das Mörderische des Feuergewehrs möglichst zu verhüten, nemlich durch Bewegungen der Truppen, vermittelst welcher diese dem Feuergewehr nicht zur Scheibe dienen; die Truppen in solchen Schlachtordnungen und Abtheilungen an den Feind zu führen, daß der Verlust an Menschen möglichst geringe ist; bey festen verschanzten Stellungen die Truppen nicht unnöthigerweise den Kanonaden auszusetzen, sein eigenes

Geschütz aber so zu stellen wissen, daß es dem eindringenden Feinde den größtmöglichen Schaden thue, ihm eine eiserne Wand entgegen stelle; — das alles ist Taktik. Zugegeben, daß die Ausführung alles dieses größern Schwierigkeiten ausgesetzt seye, als die Alten bey ihren Waffen und ihrer Fechtungsart zu überwinden hatten; so würde daraus folgen, daß die neuere Taktik, weit entfernt, vor der alten die Segel streichen zu müssen, vielmehr eine größere Fertigkeit erfordere, da sie größere, mehrere und verwickeltere Hindernisse zu bekämpfen hat.

S. 68. Es ist historisch unrichtig, wenn der Verf. sagt: **Genug mit Lorbeern bekrönte Feldherren des letzten Krieges waren noch vorhanden u. s. w.** — Die französischen Generale, welche wir am Anfange des spanischen Erbfolgekrieges an der Spitze der Armeen sahen, die Tallards, Marsin, Villeroi, Lafeuillade, waren die Feldherrn nicht, die verdient hätten, mit Lorbeern gekrönt zu werden. — Sie standen vor dem Ausbruche des erwähnten Krieges, in keinem sonderlichen Ansehen; das Kebsweib eines schwachen Königes hatte diese der Kunst unkundige Männer an die Spitze der Armeen gesetzt. — Und nun will der Verf. daraus schließen, daß die Kunst, wenn sie allein stehe, hinfällig sey. Das hätten wir ihm, ohne Beweis, geglaubt. Es war nicht die Unzuverläßigkeit der Kunst, sondern die Unkunde derselben, welche Ludwigs Feldherren die Siege bey Hochstädt, bey Turin, bey Malplaquet entzog; so wie die richtige Anwendung ihrer Grundsätze, und die Fähigkeit, die Fehler ihrer Gegner zu benutzen, Eugen's und Marlborough's große Unternehmungen, durch die richtige Anwendung ihrer Grundsätze und durch die Fähigkeit dieser großen Männer, die Fehler ihrer Gegner zu benutzen, glücklich ausfallen mußten. — Welche unrichtige Logik ist es nun, die den Verf. bewogen hat, jene Hofränke, wodurch die wichtigsten Aufträge gerade denjenigen zugeschoben worden, die am wenigsten fähig sind, sich deren auf eine den Erwartungen der Verständigen und den Bedürfnissen des Staats entsprechende Weise zu entladen, und diejenigen davon zu entfernen, deren Talent, Einsicht und Redlichkeit der Neid scheut, der Aberglauben und Eigennutz haßt, — welche unrichtige Logik ist es, sage ich, die Erfolge dieser Hofränke der Kriegskunst zuzuschreiben, und daraus ihre Unzuverläßigkeit zu folgern!!! —

S. 120. „Und daß, man sage, was man „wolle, gut Schießen, rasch Laden, Unerschrok„kenheit und muthiger Angriff, sicherer zum Ziele „führen, als — alle Gelahrtheit." — Durch das: man sage, was man wolle, hat uns der Verf. schon ziemlich deutlich zu verstehen gegeben, daß er unsern Einwendungen weiter kein Gehör geben, und bey seinem Glauben beharren werde. — Das mag er auch in Gottes Nahmen! — Aber Andern zum Besten, sey es mir erlaubt, zu bemerken, daß zur guten Anordnung eines Angriffs, zu der Führung der Truppen bis auf den Punkt, wo ihr gutes Schießen, ihr rasches Laden, ihre Unerschrockenheit, ihr muthiger Angriff sicher zum Ziele führen, daß — sage ich, hierzu genaue Kenntnisse von der Natur und Beschaffenheit des Terrains, richtige Beurtheilung der Anlage der feindlichen Verschanzungen u. d. g. gehören, die der ungelahrte Feldherr nicht besitzen kann. Der Held des Verfassers und der Verf. selbst setzt die Kriegeskunst in die Stärke der Arme; der Graf von Sachsen findet sie in der Behendigkeit der Füße; und Friedrich der Zweyte setzte zu diesem Rezepte das dritte Ingredienz, gute Köpfe, hinzu, welche jene Füße und jene Arme auf die rechten Flecke zu bringen wisse. Die Auffindung dieser rechten Flecke — dazu gehöret, man sage auch, was man wolle, militarische Gelahrtheit, die freylich von der Stuben-Gelahrtheit sehr verschieden ist. —

VI. Abschnitt. Die Preußen.

Die Urtheile, welche der Verf. über Friedrich den Zweyten fällt, sind, nach dem Gefühle aller Unpartheiischen, viel zu schneidend, und scheinen von irgend einer persönlichen Beleidigung herzurühren, die Friedrich der Zweyte den Angehörigen des Verfassers oder ihm selbst angethan haben mag. — Der Verf. ist ehrlich genug, die Art der Beleidung S. 117 selbst bekannt zu machen. Friedrich der Zweyte hat nämlich in den Memoires pour servir à l'histoire de la maison de Brandebourg S. 199 (Berliner Ausgabe von 1789) dem Gedanken Gehör gegeben, wie der Verf. sagt, dem Kriegesruhme Leopolds, Fürsten von Dessau, engere Grenzen zu setzen. — In den angezogenen Memoires sagt Friedrich der Zweyte: „Die Preußen, welche auf dem linken Flügel der „alliirten Armee standen, machten den Angriff auf „den rechten Flügel der französischen Verschanzun„gen, welcher an die Doire angelehnt war. Der „Fürst von Anhalt befand sich schon am Rande des „Grabens, und der Widerstand der Feinde ver„minderte bereits die Heftigkeit seines Angriffs, „als drey Grenadiere sich längs der Doire schlichen „und die Verschanzung an einer Stelle umgingen, „wo sie nicht gehörig an den Fluß angelehnt war.

„Plötzlich erschallt in der französischen Armee das
„Geschrey: **Wir sind abgeschnitten!** — Sie
„verläßt ihren Posten, ergreift die Flucht; und im
„nemlichen Augenblicke ersteigt der Fürst von
„Anhalt die Verschanzung, und gewinnt die
„Schlacht." — Diese Erzählung hält der Verfasser für nicht ehrenvoll genug für Leopolden, —
also: Hinc illae lacrymae! — und sagt uns, daß
Friedrich der Zweyte sie aus Sagensammlungen
entlehnt habe, und daher verdiene, mit eben der
Wahrheitsliebe und Gerechtigkeit beschauet und beurtheilt zu werden. Wir werden in der Folge
diese Wahrheits- und Gerechtigkeitsliebe näher
kennen lernen. — Der Verf. nennt übrigens das
Stura, was Friedrich der Zweyte, und zwar unrichtig, die Doire nennt. M. s. den Plan von der
Schlacht bey Turin, die sich in dem ersten Bande der
Histoire militaire du Prince Eugène de
Savoye &c. par Dumont, Baron de Carlscroon
et par Rousset, a la Haye MDCCXXIX
befindet. In diesem Werke heißt es, S. 64:
„L'attaque commença par la gauche, où se
„trouvoit le Prince d'Anhalt avec l'infante-
„rie prussienne. La première contenance
„fut belle et fière. Cette infanterie s'avança
„d'un pied ferme et resolu jusqu'au retran-
„chement; mais quand elle y fut, elle
„s'ebranla. Le feu violent, dont elle fut

„chargée en front et en flanc, la mit en quel-
„que trouble; lorsque la droite, retardée par
„l'inegalité du terrain, n'avoit pû attaquer
„aussi vite que la gauche, qui par-la se trou-
„voit seule exposée à toute la resistance de
„l'ennemi."

Aus dieser Stelle scheint zu erhellen, daß der Fürst von Anhalt mit seiner braven preußischen Infanterie etwas zu rasch vorgegangen seyn müsse, und das Vorrücken des rechten Flügels nicht abgewartet habe. — Wir wollen es dahin gestellt seyn lassen, ob allzugroße Heftigkeit in dem Charakter eines kommandirenden Generals nicht manchmal nachtheilige Folgen haben könne. — Hier scheint dieß der Fall gewesen zu seyn, wie wir auch aus folgender Stelle schließen. Es heißt nämlich S. 65: „Plein de ces généreux senti-
„mens, le Prince (Eugène de Savoye) voit
„avec peine une si longue indécision, et re-
„solu de la faire finir, il pousse son cheval
„*du côté des Prussiens.* Il se met à leur tête,
„avec le Prince d'Anhalt, et les mène au re-
„tranchement. Ils le suivent, tout fiers d'une
„si honorable préférence. Envain, on leur
„oppose une grêle de bales de mousquet et
„de grenade &c. — " Das, was Friedrich der Zweyte in seinen Memoires de la maison de Brandebourg jenen beyden Soldaten zuschreibt,

misset Eugens Historiograph nicht dem Fürsten von Anhalt, sondern dem Prinzen Eugen selbst zu. — Unser Verf. hätte also noch größere Ursache gehabt, auf diesen Historiographen, als auf Friedrich den Zweyten ungehalten zu seyn.

Einem so aufgeklärten Manne, wie der Verf. doch in der That ist, hätten wir hellere Blicke in die Politik zugetrauet, als diejenigen sind, welche er in der Note zu S. 144 äußert. Eigentlich verargt er es dem Könige Friedrich dem Zweyten, daß dieser Schlesien erobert und auf diese Art die Macht des Hauses Oestreich geschwächt hat, weil sein Held, Leopold von Dessau, gegen diese Schild-Erhebung protestirte. — Der Verf. sieht in seinem Hasse gegen Friedrich den Zweyten nicht, welche große Vortheile diese Schwächung der östreichischen und dieses Wachsen der preußischen Macht für das protestantische Deutschland, d. h. für die Sache der wahren Aufklärung gehabt hat und noch hat. — Es ist einmal — man kann das nicht leugnen — das Interesse des Katholizismus und das immer fortwährende Bestreben der katholischen Klerisey, das Volk, mit und ohne Sterne und Ordensbänder, in der Unwissenheit und in dem unglücklichen Wahne zu erhalten: durch den Weg der Andächteleyen und der sogenannten kirchlich guten Werke, — nicht auf dem Wege der Rechtschaffenheit und Pflichtliebe, gelange man zum Himmel. — Das ganze Ansehen der Klerisey und mit derselben der ganze Katholizismus, beruhet auf der Beybehaltung, auf der Fortpflanzung dieses Wahns. So ist es keinesweges mit dem Protestantismus und der protestantischen Klerisey, deren Bestreben dahin gehet, den Verstand und das Herz des Volkes, vom Monarchen an bis zum Bettler, zu bilden, und der Unvernunft, dem Aberglauben, der Faulheit und der groben Sinnlichkeit entgegen zu arbeiten, weil sonst der Katholizismus, welcher für den nicht denkenden großen Haufen sehr viel Reizendes hat, und durch die Pracht und Sinnlichkeit seines Gottesdienstes auch wohl bisweilen den Klügern gefällt. — Seitdem Schweden in eine politische Ohnmacht dahin gesunken ist, und seinen Einfluß auf das Staatssystem von Europa verloren hat, seitdem ist das Haus Brandenburg-Preußen die hauptsächlichste Stütze des Protestantismus, und dadurch die Pflegerin der göttlichen Pflanze Aufklärung. — Wer also wünscht, wer das Seinige dazu beyträgt, daß Preußen nicht nur auf der jetzigen Stufe seiner Größe erhalten werde, sondern noch eine höhere Stufe politischer Größe erlange, — der wünscht, der trägt das Seinige dazu bey, daß Protestantismus, Aufklärung und Geistesbildung in der Welt tiefere Wurzeln gewinnen. Läßt es sich denken, daß selbst Schlesien unter der vorigen Regierung das geworden seyn

würde,

würde, was es unter der Preußischen ward? Aus diesem Gesichtspunkte muß man Preußens Vergrößerung, muß man Friedrichs Eroberung von Schlesien betrachten, und es der Vorsehung Dank wissen, daß sie einen Friedrich erweckte, der eben dadurch Menschenwohl und Bürgerglück weit mehr beförderte, als Karl Emanuel der Savoyer und Friedrich August der Sachse, welchem letztern Fürsten ich übrigens alles ihm gebührende und vom Verf. beygelegte Lob zu schmälern keinesweges gesonnen bin. Was Friedrich August unter den moralischen und politischen Verhältnissen, in welchen er sich seit seiner Wiege befand — werden mußte und konnte; — das kann nicht für einen Maaßstab gelten, nach welchem ein Friedrich der Zweyte beurtheilt werden soll.

VII. Abschnitt. Friedrich II.

Das Abtreten vom Heere, wie sich der Verf. ausdrückt, d. h. des Königs Reise nach Berlin, im Winter von 1742 zu 1743, tadelt der Verfasser. Konnte denn der König nicht wichtige politische Maaßregeln u. d. g. zu treffen haben, die durch seine persönliche Gegenwart in Berlin am besten beschleuniget werden konnten? — Man muß schon im Voraus entschlossen seyn, daß Friedrich der Zweyte Unrecht haben soll, um auch dieß tadeln zu wollen! —

Nach S. 147 sollen die Preußen bey Sorr, der Kunst zum Hohne, gesiegt haben. — Karls von Lothringen Anordnungen zur Schlacht bey Sorr verdienen Beyfall. — Aber deswegen haben die Preußen, die seine Dispositionen nicht zur Reise kommen ließen, die die Kunst verstanden, sich plötzlich zum Angriffe zu formiren, ihn mit Tapferkeit unternahmen und ausführten, und dadurch das künstliche Gewebe, das man um sie herum stellen wollte, zersprengten, nicht weniger Kunst bewiesen. Der Verf. hat also sehr unrecht, zu behaupten: die Preußen hätten bey Sorr, der Kunst zum Hohne, den Sieg davon getragen, grade als wenn dazu keine Kunst gehörte, künstliche Anordnungen seines Feindes über'n Haufen zu werfen.

Nach S. 163. 164. soll König Friedrich der Zweyte den Namen eines Schöpfers in der Taktik nicht verdienen; soll, durch Königl. Fahrlosigkeit, daran Schuld seyn, daß Muth und Geist in seiner Armee ohne gesunde Pflege blieben; soll, durch widerartige oder fremdartige Sitten, eine Volksbeschaffenheit, welche besser auszubilden sein Jahrhundert von ihm forderte, untergraben; und endlich die günstige Gelegenheit, seinen Ruhm ächt und vollständig

zu machen, gänzlich verfehlt haben!!! —
Dieß sind sehr so harte als unerhörte Beschuldigungen, womit hier der Verfasser gegen Friedrich den Zweyten auftritt, hätten eben deswegen, weil sie hart und neu sind, von dem Verfasser nicht bloß ausgesprochen, sondern genau auseinander gesetzt werden müssen, wenn es ihm daran gelegen gewesen wäre, nicht, wie der öffentliche Ankläger im revolutionären Frankreich, mit der Anklage zugleich das unwiderrufliche Todesurtheil vorzutragen. — Die Geschichte der Regierung Friedrichs des Zweyten, worin die Weisheit und der große Charakter dieses großen Königs so hell am Tage liegt, strafen den Verfasser. Es gehet deutlich hervor, daß er keine andere Absicht hat, als Friedrich den Zweyten als Held, als Staatsmann und als Mensch zu verkleinern, die Entbehrlichkeit der stehenden Heere anschaulicher zu machen, und auf diese Art das an der Havel, Elbe und Oder vorzubereiten, was die Herren Advokaten an der Seine ausgeführt haben, ihnen aber doch wieder durch die Hand eines Soldaten größtentheils entrissen worden ist. —

VIII. Abschnitt. Der Marschall von Sachsen.

Den alten unverdienten Vorwurf: Friedrich der Zweyte habe sich die Freyheit genommen, seinen guten Bruder Ludewig den Funfzehnten im Laufe der ersten Schlesischen Kriege zweymal sitzen zu lassen, müssen wir hier, S. 165 wieder hören. Der Verf. hätte doch auf die ehrliche und edle Art, womit Friedrich der Zweyte von diesem Traktatenbruche in der Geschichte seiner Zeit selbst spricht, Rücksicht nehmen und nicht vergessen sollen, zu bemerken, daß der gute Bruder Ludewig der Funfzehnte einen gewaltigen Fehler beging, die östreichische Armee bey ihrem Rückzuge über den Rhein nicht stärker zu drängen, ihr auf dem Fuße bis nach Böhmen nicht nachzufolgen, und sie auf diese Art nicht zwischen zwey Feuer zu bringen, dafür aber sich mit der Belagerung von Freyburg zu beschäftigen, welche Festung, da sie nicht auf der Operationslinie lag, von einem kleinen Corps d'armée hätte beobachtet werden können, und bald von selbst gefallen seyn würde.

Moritz, Graf von Sachsen, erscheint, wie der Verf. S. 204 meint, Friedrich dem Zweyten, Könige von Preußen, an Kriegesgeist und kriegerischen Talenten gleich, an Tiefblick in die Kunst selbst, an taktischem Erfindungsgeiste überlegen. — Man muß, glauben wir, nicht vergessen, daß Friedrich den Hauptstamm, um uns so auszudrücken, eines Krieges führte, da Moriz von Sachsen nur Aeste eines Krieges geführet, niemals die erste Rolle gespielt hat, und es also schwer ist, beyde mit einander zu vergleichen. — Uebrigens wollen Morizens taktische Erfindungen wahrlich nicht viel sagen, da sie ihn selbst kaum überlebt haben.

IX. Abschnitt. Ein Krieg.

Man erwartet in diesem Abschnitte vergebens eine gründliche Beurtheilung der Dispositionen Friedrichs des Zweyten zu seinen Schlachten. — Wenn er sie gewinnt, wie die bey Leuthen, so sind, nach der Vorstellung des Verfassers, daran die Fehler seiner Gegner mehr Schuld, als die Kunst, mit welcher er die Anordnungen zur Schlacht traf. Auch ein mittelmäßiger Kopf hätte sie gewinnen können, heißt es von der Schlacht bey Leuthen. — Das ist doch wahrlich zu arg! Hätte doch der Verf. in seinen Busen gegriffen, sich selbst in die damalige kritische Lage des großen Königs in Gedanken zu setzen gesucht, sich selbst gefragt, ob er wohl fähig gewesen wäre, den Entschluß zur Schlacht in diesem Augenblicke zu faſſen und wie er ſie etwa möchte ausgeführt haben? Wenn eine Schlacht gewonnen iſt, und man ruhig an ſeinem Schreibtiſche ſitzt, iſt es leicht zu ſagen: Eine ſolche Schlacht hätte jeder mittelmäßiger Kopf auch gewinnen können! Aber iſt dieß eine unparteyiſche Charakteriſirung Friedrichs des Zweyten? Bey andern Gelegenheiten wird dem Könige Eigenſinn und Vermeſſenheit Schuld gegeben; und das Reſultat iſt endlich, daß man den Erfolg im Kriege nicht mit rein mathematiſcher Gewißheit berechnen könne. — Alle rein mathematiſche Theorien, auf Gegenſtände der Natur angewandt, geben niemals vollkommen reine Reſultate. — Kann man daraus folgern, daß die reine Mathematik keine feſte Grundſätze habe? —

X. Abſchnitt. Was beſtimmte den Ausſchlag?

Dieſer Abſchnitt enthält 22 Seiten; davon iſt Eine Seite zu Friedrichs des Zweyten Lobe verwandt; in allen übrigen aber ſind theils die glücklichen Inzidentfälle, welche den guten Ausſchlag des ſiebenjährigen Krieges, dem Verf. zufolge, verurſacht haben ſollen, und alle die Beſchuldigungen enthalten, welche der Verfasser diesem Könige macht; Beschuldigungen, die öfters oberflächlich angegeben, und größtentheils leicht zu widerlegen sind; Beschuldigungen endlich, welche jedem großen Manne gemacht werden können, weil auch der größte Mann immer Mensch bleibt.

XI. Abschnitt. Bewandnisse und Erscheinungen.

Dieser Abschnitt mit dem Fieldingschen Titel ist eigentlich dazu bestimmt, darthun zu wollen, daß unsere neuere Schlachten und Gefechte aller Art, an Verwirrung, an Abbrennen der Flinten mit zugedrückten Augen, oft im Nacken der Vorderleute, gar keine Vorzüge vor einem Gefechte zusammengerotteter Nicht-Soldaten habe; welche letztere bey ihren Gefechten doch von einem gewissen Ingrimme beseelt wären. — Alles dieß wird in der Absicht gesagt, die Entbehrlichkeit stehender Heere damit beweisen zu wollen. — S. 259 sagt der Verfasser: „„Da die Reiterey ungleich weniger ver„lor, bekam sie reifere, eingeübtere Soldaten; sie „sahen augenscheinlich, diese Krieger, wie weit min„der die Sense des Verderbens unter ihnen auf„räumte, als unter ihren Brüdern, brachten also

„mit besserer Zuversicht das sie gelehrte Anrennen
„mit verkürztem Zügel bey den mehrsten Gelegen=
„heiten sehr zweckmäßig an. Der Feind aber fand
„Mittel, ihnen ihre Tugend zum Fallstricke zu ma=
„chen; Hinterhalte von Kroaten, versteckte Batte=
„rten, überschütteten sie oft mit unerwarteten Aus=
„brüchen. So sehr sind wir von aller Zu=
„verläßigkeit, zu Pferde und zu Fuß, ent=
„fernt, seitdem man mit Blitzen zerstö=
„ren kann." — Sollte das nicht das Gegen=
theil von dem beweisen, was der Verf. eigentlich
behaupten will? — Jede Parthie hat ihre Blitze,
und kann also mit einer der Natur der Sache
angemessenen Zuverläßigkeit auf die Erfolge rech=
„nen, wenn jede Parthey, jeder Offizier, der im
Großen kommandirt, nur alle Waffen recht zu ge=
brauchen weiß. — Aber darin liegt es eben, daß
wir Generale haben, die eigentlich Speziale sind,
d. h. die nur höchstens den Gebrauch der Waffen
kennen, in dem sie gebohren und erzogen worden
sind. Mit andern Worten: Unsere meisten Gene=
rale sind entweder Infanteristen, oder Kavalleristen,
oder Artilleristen; alles drey zugleich sind sie sel=
ten. — Man schaffe sich nur Generale an, welche
alle drey Waffen im gehörigen Zusammenhange zu
gebrauchen wissen; und man wird keine Reiter=
Generale mehr antreffen, die auf im Hinterhalte
lauernde Kroaten, auf versteckte Batterien mit ih=

ren Geschwadern anrennen, ohne von den Mitteln Gebrauch zu machen, welche ihnen die Kunst in dergleichen Fällen vorschreibt. Die Kunst ist also nicht unzuverläßig; aber diejenigen, von welchen man ihre Ausübung fordert, sind öfters unwissend und unzuverläßig; und eben so sehr, welche parteyisch darüber schreiben!

XII. Abschnitt. Namen.

Den Prinzen Heinrich vergleicht der Verf. mit Cäsar bey Dyrrachium; Moritzen von Dessau und den Herzog von Bevern hält er für geborne Armee-Censoren, die sehr dazu geeignet gewesen seyn würden, für Unterhaltung und Fortpflanzung der Mannszucht und des vollkommenen kriegerischen Gehorsams u. d. g. zu sorgen, wenn Friedrich der Zweyte diese Portion seiner Macht ihnen abgetreten hätte. Daß dieß nicht geschehen, deswegen ist unser Verf. sehr böse auf Friedrich den Zweyten. — Moritzen vergleicht der Verf. in Absicht seiner Unwissenheit mit Marius, Bevern aber mit Agrippa, wenn er mehr Zutrauen zu sich selbst gehabt hätte. — An Türenne's Kaltblütigkeit, stille Gelassenheit und Wörter sparende Rede, erinnert der tapfere Ziethen, der alle erforderliche An lagen, ein vollendeter Feldherr zu werden, gehabt haben würde, wenn er früh genug seinen Verstand zu diesem Ziele hingelenkt hätte. — Von Seydlitz sagt der Verfasser: Er war ein Pferdebändiger wie Kastor, und ein Reiter wie Bellerophon. Fouqué ist ihm der preußische Römer im Felde und würde, bey größern Aufträgen, Villars Nebenbuhler geworden seyn. — Ferdinanden von Braunschweig und sein Heer betrachtet der Verf. als eine Emanation Friedrichs des Zweyten und der Preußen. — Die Lobrede auf den Schwestersohn Friedrichs des Zweyten läßt sich nicht im Auszuge liefern; wer wird, was der Verf. hier zum Lobe dieses großen Fürsten sagt, nicht mit vollem Herzen unterschreiben? —

Den Feldmarschall Daun hält der Verf. für einen Krieger mit Kenntnissen und Talenten, dessen Kraft aber der Kraft der Trägheit, dem Verf. zufolge, ähnlich gewesen seyn solle. — Er hält ihn für einen Meister in der Kunst, feste Läger zu nehmen, und behutsame Märsche zu thun; — eine Sache, die wohl mehr auf die Rechnung Lascy's, als Daun's zu schreiben ist. — Laudon war, nach dem Verfasser, der Trefflichste aller Springer bey der Schachparthie, welche man Daunen, frey von allen Lenkfäden, hätte ausspielen lassen sollen; zur Königin soll Laudon nicht vorzüglich tauglich gewesen seyn!!!

———

XIII. Abschnitt. Kenntnisse, Karakter und Schicksale der Kriegsleute. Frühere Periode.

Der Verfasser schildert eigentlich in diesem Abschnitte die Verfassung des Kriegswesens von den Zeiten Maximilians des Ersten bis auf unsere neuere Zeiten, und verwebt diese Schilderung mit Betrachtungen über Subordination, Anciennetät der Kriegsleute, Bildung derselben zu ihrer höhern Bestimmung, Werbe-Anstalten, Duelle. —

Er sagt S. 27: "Griechenland beschäftigte "sich im Frieden mit dem Kriege als Wissen- "schaft; der Gebrauch einer jeden Art von Waf- "fen, die Theorie der Haufen-Stellungen und der "Märsche sowohl, als die Grundsätze, denen gemäß "sie angewendet, der Krieg selbst, mit Inbegriff "aller seiner Vorfälle, gelenkt werden sollte, gehör- "ten zu dem öffentlichen Unterrichte, zu den Din- "gen, die jeder guter Bürger verstehen mußte, "und eigene Meister lehrten. — Rom war so "aufgeklärt nicht; — die höhern Kriegswissenschaf- "ten hatten keinen Lehrstuhl. Die Republik über- "ließ die Anführung des Heeres den Talenten "oder der Erfahrung derer, die hierzu beauftraget "wurden, oder sich der Sache unterzogen; einem

„Sempronius, einem Varro, einem Mummius,
„roh, wie der Senat, welcher ihn abschickte, ei-
„nem unerfahrnen Lukullus, einem Cäsar, dem es
„selber auffiel, daß er noch Nichts gethan hatte,
„überließ sie denselben in der guten Hoffnung, sie
„würden, gesetzt, die Theorie mangle ihnen, den
„Gelegenheiten im Kriege schon absehen, wie sie
„ihre Legionen zu brauchen hätten. — Nicht
„wenige dieser Männer erfüllten diese Hoffnungen
„vollkommen, wie wir in unsern Tagen ähnliche
„von Hoche, Moreau und Bonaparte erfüllen sa-
„hen, die ebenmäßig keine Schule besucht hat-
„ten." — Die Geschichte macht uns mit den
Ursachen bekannt, welche die Römer nach und nach
zu Herren von Griechenland, zu Herren von beynahe
der ganzen damals bekannten Welt erhoben haben.
Diese Ursachen liegen in der politischen Verfassung
der Ueberwinder und der Ueberwundenen; daher die
Griechen, durch Wollüste ausgeartet und entnervt,
den Beweis zu der Wahrheit geben, daß Kenntniß
des Krieges und seiner Grundsätze, ohne kriegerischen Geist, ohne männlichen Karakter,
der zu großen Thaten führt, freylich nichts hilft. —
Ob aber die römischen Feldherren, die Lukullusse
sowohl, als selbst die Cäsare, nicht noch größere
Thaten verrichtet haben würden, wenn Rom, so
wie Griechenland, im Frieden sich mit dem Kriege
beschäftiget, und Lehrer für die höhern Kriegswiß-

senschaften angestellet gehabt hätte, ist eine Frage, die man, wie es scheint, allerdings bejahen müßte. Der Verf. hat also keinesweges bewiesen, daß es gleichgültig sey, ob ein Feldherr unterrichtet sey, oder nicht, oder gar, daß es schädlich sey.

Von dem französischen General Hoche wissen wir, daß er keine Schule besucht hat; war er aber auch das, was er vermöge seines Genie's, seiner natürlichen Kriegstalente seyn konnte? — Wir wollen das näher untersuchen: Eine seiner wichtigsten und merkwürdigsten Kriegshandlungen ist unstreitig der Angriff auf die Stellung bey Kaiserslautern, Ende Novembers 1793. — Ging er dabey wie ein General zu Werke, der die Grundsätze gelernt hat, nach welchen Gegenden militärisch beurtheilt werden müssen, oder ließ er sich von dem Feuer seiner Seele, als ein guter Naturalist, dahin reißen, seinen Feind da anzugreifen, wo er ihn fand, ohne auf die Hindernisse Rücksicht zu nehmen, welche ihm schon die Natur des Bodens, auf welchem sein Gegner stand, entgegen setzte? — Das Letztere geschah! Hoche griff die Stellung bey Morlautern gerade da an, wo sie am stärksten ist, und wo nichts als Kopfstöße zu holen waren. Ein sogenannter gelahrter General, wie der Verf. irgendwo sich ausdrückt, würde die Sache anders angefangen, und seinen Zweck höchst wahrscheinlich nicht verfehlt haben. — Ohne daß ich mir anmaße, die Kenntnisse eines solchen gelahrten Generals zu besitzen, will ich doch hier einen Versuch machen, die Art und Weise zu erklären, wie, meiner Meinung nach, die preußische Armee zu Ende Novembers 1793 hätte genöthiget werden können, die Stellung bey Kaiserslautern zu verlassen. Der geneigte Leser mag das, was ich, als ein sogenannter Gelahrter, hier vorbringe, mit dem vergleichen, was des Verfassers ungelahrter Hoche that, und dann selbst urtheilen, was für Erfolge wohl zum Vorschein gekommen wären, und ob die Gelahrtheit im Kriege wirklich eine so nachtheilige Sache sey.

Nachdem die preußische Armee nach dem Gefechte auf der Höhe bey Biesingen unfern Blieskastel und nach der fruchtlosen Kanonade auf den Bubenhäuser Höhen bey Zweybrücken die Bließ und Erbach verlassen hatte; nachdem von der Hauptarmee, unter dem Befehle des Herzogs von Braunschweig, die Stellung bey Kaiserslautern, und von dem Seiten-Korps, unter dem Befehle des Erbprinzen von Hohenlohe-Ingelfingen, die Stellung beym Lindbronner Schloß, letztere Stellung zwischen dem Anweller- und Lauter-Thal bezogen worden war, — alles in der Absicht, die Blokade von Landau besser zu decken; so mußte Hoche mit der sämmtlichen Mosel-Armee die Stellung bey Pirmasens nehmen, wodurch er den Vortheil gehabt haben würde, in einer nähern Verbindung mit der Rhein-Armee unter Pichegrü zu bleiben. Ehe der Leser weiter geht, bitte ich ihn, die Gräwertsche Karte von diesen Gegenden in die Hand zu nehmen, weil er ohne sie das Folgende nicht verstehen kann. — In dieser Stellung mußte Hoche den Punkt beym Ketterich auf das stärkste verschanzen, aus Ursachen, die ich gleich anführen werde. — Indessen dies geschah, mußte er und die Offiziere seines Generalstab's die Wege, welche von Pirmasens aus nach Kaiserslautern, und besonders nach Tripstadt führen, auf das genaueste rekognosciren, und auf die dadurch von der Gegend erlangte Kenntniß folgenden Entwurf bauen:

Die verschanzte Stellung bey Pirmasens, oder vielmehr beym Ketterich, setzte den General Hoche in den Stand, nicht nur seine nächste Kommunikation mit der Rhein-Armee zu unterhalten, sondern auch allem dem die Spitze zu bieten, was von dem Prinz Hohenlohischen Korps d'Armee gegen ihn hätte unternommen werden können. — Aus dieser Stellung bey Pirmasens, die sich Hoche durch die, den Franzosen eigene Betriebsamkeit beym Verschanzen, bald gewissermaßen zu einer Festung umschaffen konnte, mußte er, nachdem er eine hinreichende Reserve in derselben hatte stehen lassen, mit dem größten Theile seiner Armee in zwey Kolonnen links abmarschiren. Die erste Kolonne mußte den Weg über Fährbach, den Petersberger Hof, Burgalben, Fischbach nach Kettersberg nehmen, und daselbst bis zu einem gewissen Zeitpunkte Halt machen. — Die zweyte Kolonne mußte den Weg über die Huster-Höhe nach Rothalben nehmen, und sich daselbst theilen. Die erste Hälfte mußte den Weg über Claußen nach Leimen; die zweyte den Weg über Merzalben nach Leimen einschlagen, wo sich beyde Kolonnen wieder vereiniget haben würden. Es versteht sich, daß diese Truppen alle preußische Vorposten, welche sie in diesen Gegenden antreffen, angreifen und zurücktreiben mußten, weil Vorposten nicht bestimmt sind, Kolonnen zu widerstehen. Die erste Hälfte der ersten Kolonne mußte von Heltersberg über Schmalenberg vorgehen, und daselbst bis zu einem gewissen Zeitpunkte eine Stellung nehmen und Schopp besetzen. Die zweyte Hälfte dieser Kolonne mußte, von Heltersberg aus, auf der Hunnenstraße zu eben der Zeit gegen das Johanneskreuz vorgehen, zu welcher die zweyte Kolonne von Leimen aus, über den Sand, Saukopf, Eschenkopf, das Baadensche Jagdhaus, ebenfalls nach dem Johanneskreuz vordrang. — Diese Kolonne mußte, bey diesem ihrem Vorrücken, nicht vergessen, ein starkes Detaschement in ihrer rechten Flanke stehen zu lassen, und die Punkte von

Hoch-

Hochstädt, Steineck und Schänzel zu besetzen, d. h. alles das zu vertreiben, was sich in dieser Gegend von preußischen Vorposten befinden möchte. — Sobald Hoche beym Johanneskreuz angekommen war, mußte er die preußischen Vorposten, die in Trippstadt waren, durch eine fausse Attaque von den Eisenhämmern her in der Fronte beschäftigen lassen, indessen er sie vom Förster-Hause und Antoni-Hof her in der linken Flanke und im Rücken angriff. — Diesem Angriffe konnten sie nicht widerstehen, sie mußten Trippstadt bey Zeiten verlassen, und sich über die Schmelzmühle nach Kaiserslautern zurückziehen. — Durch dieses Tagewerk würde Hoche den Kamm des Gebirges erreicht, am folgenden Tage auf dem Königswege nach Hochspeyer haben marschiren können, und dadurch den zweyten entscheidenden Punkt in dieser Gegend, den Scharleberg, gewonnen haben, wodurch er mithin die Stellung von Kaiserslautern in der linken Flanke umgangen, und die preußische Hauptarmee vom Rhein abgeschnitten, wenigstens genöthiget haben würde, sich auf Kreuz nach zurückzuziehen. Sobald aber dieser Rückzug, der nunmehr unvermeidlich war, erfolgte, so mußte sich das Prinz Hohenlohische Preußische Korps, dem selbst die Retraite auf Neustadt und Türkheim abgeschnitten werden konnte, ohne allen Zeitverlust aus seiner Gebirgsstellung beym Lindbron ner Hof zurückziehen, und, mit der großen östreichischen Armee zugleich, den Uebergang über den Rhein zwischen Lauterburg und Germersheim unternehmen. — Man kann behaupten, daß durch diesen einzigen Marsch von Pirmasens nach dem Johanneskreuz der große Zweck der französischen Feldherren, Landau zu entsetzen, hätte erreicht werden können, und daß es dazu aller der Gefechte bey Kaiserslautern, auf der Scheerhohl u. s. w. nicht bedurft hätte, wenn Hoche, bey seinem Genie, ein gelahrter General gewesen, d. h. in seiner Jugend in eine Schule gegangen wäre, wo man ihn die ächten Grundsätze der Kunst gelehrt hätte. — Eine solche Schule existirt freylich nicht in rerum natura; aber ist dieß die Schuld der Kunst? Kann man der Kunst deshalb, weil man sie nirgends lehrt, den Fehler der Unzuverläßigkeit vorwerfen? Den Einwurf kann man mir freylich machen: daß Hoche diese genaue Kenntniß nicht habe besitzen können, weil er sich niemals in diesen Gegenden vor dem Kriege befunden haben mag. — Darauf dient zur Antwort: wäre Hoche mit den Grundsätzen, nach welchen Gegenden in militarischer Rücksicht beurtheilt werden müssen, bekannt gewesen; so würde er schon auf der Huster-Höhe bey Pirmasens, wohin er sich ohne alle Gefahr persönlich begeben konnte, haben entscheiden können, daß in dem vor seinen Augen liegenden schwarzen Walde die höchste Höhe seye, welche den Schlüssel zum ganzen Terrain enthalten müsse. — Und dann hatte Moreau im Frühjahre diese Gegenden kennen gelernt. Er selbst oder Offiziere von Moreau's Generalstabe konnten also Hoche einen guten Rath ertheilen, den freylich dergleichen Hitzköpfe, wie Hoche war, nicht allemal annehmen wollen.

Wir wollen nun sehen, wie Hoche diese Gegend bey Kaiserslautern beurtheilt, nachdem er sie mit eigenen Augen hatte kennen lernen.

Unter dem 23. Vendemaire Ao. 3. schreibt er an den Kriegsminister Carnot: „Meine Beschäfti„gungen lassen mir viele Zeit übrig, mich mit an„dern Dingen abzugeben; manchmal benutze ich „diese Zeit, unsern Armeen in ihren erstaunungs„würdigen Unternehmungen zu folgen und über „ihre Operationen nachzudenken. — Die letzten „Gefechte bey Kaiserslautern haben mich erinnert, „daß ich diese Gegend ziemlich genau kenne. — „Da ich sie in dem letzten Feldzuge genau un„tersucht habe; so nehme ich mir die Freyheit, „Dir" — (damals war diese Sprache noch Sitte —) „einige Betrachtungen vorzulegen, welche die Liebe „für das allgemeine Beste mir eingeflößt hat. — „Die genaue Kenntniß dieser Gegend kann den „Operationen zur Grundlage dienen, welche die „Regierung auf diesem Kriegestheater ausführen

„zu lassen beschlossen haben möchte. Die in un=
„sern Händen befindlichen Karten sind übrigens
„äußerst unvollständig. Kaiserslautern in dem
„Voghesischen Gebirge ist nicht befestiget; ihre Lage
„ist auch dazu nicht geeignet, weil die Höhen, von
„welchen sie umgeben ist, zwey Drittheile des Um=
„fangs der Stadt beherrschen. Dieser Punkt ist
„für die Feinde von äußerster Wichtigkeit; die
„Gemeinschaft der Pfalz mit dem Hundsrücken
„hängt davon ab. Die großen Straßen von Neu=
„stadt, von Türkheim, von Worms über Grime=
„stadt (soll Grünstadt heißen) Gollheim (soll Gell=
„heim heißen) von Kreuznach über Falkauster und
„Hontre kommen hier zusammen." — (Auch
nur eine entfernte Aehnlichkeit mit den Namen
Falkauster und Hontre findet sich nirgends. Die
Anführung der wahren Namen gehört nicht zur
Sache.) „Die Stellung, die daselbst von den
„Feinden genommen werden kann, ist sehr feste;
„sie ist auf Höhen, die in der Fronte unangreifbar
„sind. Das verschanzte Lager der Preußen war,
„wenigstens im letzten Frimaire, auf diesen Höhen,
„die Werke waren vervollkommnet worden, und
„die Fronte deckte eine Reihe Teiche und Morästte
„von Kaiserslautern an bis Otterberg. Der rechte
„Flügel des Lagers war an die letzte Stadt, der
„linke an Kaiserslautern angelehnt."

General Hoche hatte hier eine Bataille gelie=

tert, war nachher, als die preußische Armee wegen
der Ereignisse im Elsaß diese Stellung und ihr
Schlachtfeld verlassen hatte, in diese Gegend selbst
gekommen; und doch hatte er den Werth dieser
Stellung bey Kaiserslautern, ihre Abhängigkeit von
dem Punkte bey Hochspeyer, ihren wahren Angriffspunkt nicht kennen lernen. Unter der Bearbei-
tung solcher Männer muß freylich die
Kunst ewig unzuverläßig bleiben.

„Die Annäherung an diese letzte Stadt, an
„Kaiserslautern,‟ (fährt der General Hoche fort)
„war durch eine sehr beträchtliche Redoute verthei-
„digt, die von Turpin, einem emigrirten franzö-
„sischen Ingenieur, da angelegt worden war, wo
„sich die beyden Wege von Landstadt (Landstuhl)
„und Trippstadt vereinigen.‟ Hoche versteht hier-
unter die Galgen-Schanze; die von seinem
Landsmann Turpin weder angegeben noch erbauet;
ja nicht einmal gesehen worden war. Diese Ehre
gebühret diesem seinem Herrn Landsmann keinesweges; (jedem das Seinige). „Diese Redoute,‟
(sagt Hoche) „oder vielmehr dieses Fort, war ein
„Meisterstück; es konnte 600 Mann und 12 Ka-
„nonen enthalten.‟ (Sie war keinesweges für
eine so starke Besatzung erbauet). „Die Feinde
„hatten diese Redoute auf dem höchsten Punkte der
„Galgenhöhe angelegt, und sie mit einem eine
„halbe (französische) Meile breiten Verhau umge-

„ben." (So breit war dieser Verhau auch nicht.) „Die Linien und Redouten des Lagers waren mit Rasen bekleidet und mit Sturmpfählen versehen." (Ist auch eine französische Poesie.) „Wenn auch dieses Lager nicht verschanzt ist, so werden sich die Feinde desselben allezeit mit größerm Vortheile bedienen, als wir. Die Stellung, an und für sich selbst betrachtet, ist uns nicht vortheilhaft, weil wir genöthiget sind, ihre eigenthümliche Stärke, d. h. die Moräste, Teiche und den Wald hinter uns zu lassen, und weil wir zur Retraite nichts als steile und schlechte Wege haben."

„Da die Feinde das größte Interesse haben, Meister von dieser Stellung zu bleiben; so werden sie uns in derselben nie leiden, so lange wir nicht Meister von Türkheim sind." (Das würde auch nichts helfen.) „Sie würden selbst im Stande seyn, uns von der Seite von Folkenstein" (soll Falkenstein heißen) „in der Fronte anzugreifen, und uns von Hofspeyer" (soll Hochspeyer heißen) „und von Otterberg her in der Flanke zu umgehen. Ja sie würden uns selbst von Hochspeyer aus, Kaiserslautern rechts lassend, in den Rücken gehen können, wenn sie bis Trippstadt vordrängen, und uns keinen andern Rückzug lassen, als den über Vilarsbach" (soll Kirschbach heißen) „und Landstuhl, wo die Wege gut sind. Wenn

„man im Fall der Defensive bey Kaiserslautern
„eine Stellung nehmen will; so muß man allen
„Wald, von Hochspeyer an bis Erlebach, herunter
„hauen lassen, bey Obertaß" (ein Dorf dieses
Namens ist nicht vorhanden) „einen starken Vor-
„posten haben, um die von Wollstein kommenden
„Wege zu observiren, die Wege vor Ottersberg
„unbrauchbar machen, und diese kleine Stadt" (die
„NB. ganz im Thal liegt) — „mit zwey Batail-
„lonen leichter Infanterie und einigen Husaren be-
„setzen. Es muß auch die Höhe von Weidenthott"
(soll Weidenthal heißen) „auf dem Wege von
„Neustadt nach Kaiserslautern verschanzt, und da-
„selbst zwey gute Bataillone postirt werden, welche
„alles das aufhalten können, was von Türkheim
„gegen Weidenthal vordringen will." — (Hier
irrt sich Lazarus Hoche gewaltig. — Der Weg von
Türkheim kömmt im Rücken des Postens heraus,
den er diesen zwey guten Bataillonen hier anwei-
set.) „Wenn man auf der strengsten Defensive
„bleiben will; so muß man den Posten bey Mar-
„tenszee" (soll Martinshöhe heißen) „der drey
„französische Meilen vorwärts Homburg liegt, in
„Stand setzen. Diese Stellung ist für uns das,
„was Kaiserslautern für die Feinde ist. — Die
„Flanken dieser Stellung können angegriffen wer-
„den. — Es würde jedoch hinreichend seyn, einen
„Posten bey Weidenthott" (Weidenthal) „wie

„ich ihn schon oben angegeben habe, und ei-
„nen ähnlichen bey Trippstadt zu setzen. — Die
„Defenslinie von Speyer bis an die Moräste und
„Teiche von Scheidenburg *), welche den linken
„Flügel der Stellung bey Martinshöhe decken, über
„Neustadt und Trippstadt, ist unstreitig sehr gut."—

Ein Mann, der in der ächten Schule die
Grundsätze der Kriegskunst erlernt hätte, würde
eine Defenslinie, solchergestalt eingerichtet, für höchst
mangelhaft erklären müssen! — Die Stellung bey
Martinshöhe, welche General Hoche dem Krieges-
minister Carnot so sehr anpreiset, ist von der Art,
daß man nur die Vorposten bey Weidenthal und
bey Trippstadt zu werfen braucht (und dazu gehört eben nicht viele Kunst), um seinen Gegner
zu nöthigen, die so hoch gerühmte Stellung bey
Martinshöhe sogleich wieder zu verlassen. — Denn,
nach Ueberwältigung jener Vorposten, befindet man
sich auf einer Straße, die nach Pirmasens, und
selbst nach Bitsch führt. Dreht man sich bey Pirmasens aus dieser Straße rechts heraus, und schlägt
den Weg nach Pirmasens ein; so befindet man sich
im Rücken der Stellung bey Martinshöhe, welche
also von dem General Hoche verlassen werden
muß, sobald die Spitze der Avantgarde seines Gegners bey Pirmasens eintrifft. — Versteht sein

---

*) Ist eigentlich das Scheidenburger Bruch.

Gegner gehörig zu manövriren und ihn, den General Hoche, bey Martinshöhe in der Fronte zu beschäftigen, festzuhalten; so kann die Retraite aus dem Lager bey Martinshöhe wohl zu den Baudinischen Pässen u. d. g. Vorfällen ein neues Beyspiel liefern. — So wenig Sinn hatte Hoche für wahre Kenntniß des Terrains, für gründliche Beurtheilung einer Stellung. — Wir wollen ihn weiter hören:

„In einer strikten Defensive am Rhein ist „die Stellung bey Pledersheim" (soll Pfedersheim „heißen) „zu empfehlen; in welchem Falle aber „Worms mit drey Bataillonen Infanterie und ei„nem Regimente Kavallerie besetzt werden muß. — „Nach dieser kann man die Stellung bey Türkheim „wählen; zu welcher die Stellung bey Kaisers„lautern als gleichzeitig gehört."

Für eine französische Armee, die zwischen dem Rhein und der Mosel defensive gehen soll, ist die Stellung bey Pfedersheim höchst unzweckmäßig, wenn man nicht zu gleicher Zeit Meister von der westlichen Seite des Donnerberges ist, als wovon Lazarus Hoche in diesen seinen Betrachtungen nichts erwähnt.

Wir sehen hieraus, daß General Hoche diese Gegenden, nachdem er sie mit eigenen Augen gesehen hatte, eben so wenig zu beurtheilen wußte, als in denen Tagen, in welchen er zur

Bataille vorrückte, und mit jedem Tage die kleine Portion Terrain kennen lernte, die sein Gesichtskreis einschloß. — Hoche war freylich ein Mann, der die Hoffnungen seiner Kommittenten erfüllte, wenn man das erfüllen heißt, daß er sich bey Kaiserslautern eine Tracht Schläge holte, welches seine Kommittenten vermuthlich nicht gehofft hatten. — Aber, wenn er auch diese Schläge bey Kaiserslautern nicht geholt hätte; wenn er Sieger geblieben wäre; würde man haben sagen können, daß seine Anordnungen zur Schlacht verdient hätten, mit einem solchen Erfolge gekrönt zu werden? —

Wenn uns Moreau und Bonaparte als Männer erscheinen, welche die Hoffnungen ihrer Kommittenten nicht nur erfüllet, sondern selbst weit übertroffen haben; so sind wir berechtiget zu glauben, daß diese Männer, besonders Bonaparte, einen Schatz von Kenntnissen und richtiger Beurtheilung mit an die Spitze der Armeen gebracht haben, die sie in den Stand setzten, in der Feldherrn-Kunst starke und schnelle Vorschritte zu machen. — Diese Männer widerlegen das Vorurtheil, daß man funfzig Jahre den Sponton in der Hand gehabt haben muß, um General werden zu können. — Es giebt eine mechanische Kriegskunst, die zu nichts anderem erhebt, als zu einem vollkommenen Drillmeister. — Das ist nicht die Kunst, die allein Schlachten gewinnt. Diese Kunst beruhet eigentlich auf wenigen Grundsätzen; aber die Anwendung dieser Grundsätze fordert gute, denkende Köpfe; und dergleichen sind die Moreau und Bonaparte! Wenn man freylich ewig an dem Vorurtheile kleben bleibt, daß man fünf Lustra auf die Wache gezogen seyn muß, ehe man im Stande ist, ein Bataillon zu führen; wenn man 40 und 50 Jahre den Kopf mit allem dem Detail des kleinen Dienstes (dessen Nothwendigkeit in seiner Art von mir nicht geläugnet wird,) angefüllt haben und sich damit allein beschäftigen soll; — so muß man sich eben nicht wundern, wenn die Kunst, die große, die erhabene Kunst, in den Händen solcher Männer, oder vielmehr, unter der Einwirkung solcher Männer, ewig unzuverläßig bleibt, bleiben muß. Man gebe nur jungen Männern, die Genie zeigen, Gelegenheit, alle Waffen gebrauchen zu lernen; man lasse sie Kriegsschauplätze bereisen, und in diesem lebendigen Buche, nicht in Salderns Exercier-Reglement, die Kriegeskunst studiren; man mache sie bald mit den Grundsätzen der Verpflegungskunst bekannt; man lehre sie, wie sie die Festungen des Krieges-Schauplatzes mit in die Ordre de Bataille nehmen müssen; — und man wird bald gewahr werden, daß künftig die Kunst unter der Einwirkung solcher Männer zuverläßiger werden dürfte.

Der Leser wird uns diese lange Ausschweifung über Hoche und über die Gegend bey Kaiserslautern zu gute halten. Dieses Beyspiel schien uns ganz vorzüglich geschickt zu seyn, den Begriff, den wir von einem gelahrten Militar haben, und den der Verf. dieser Betrachtungen nicht zu billigen scheint, in ein helles Licht zu setzen, und zu zeigen, was man von einem tollen und hitzigen Jünglinge, den eine Revolution an die Spitze einer Armee schleudert, und von einem Manne zu erwarten habe, der so, wie ich es wünsche, zum Feldherrn sich gebildet hat. — Daß wir noch immer dergleichen Männer vermissen, daß wir selbst nicht daran denken, sie zu bilden; — daher kömmt es eben, daß unsere Kunst unzuverläßig ist. — Aber, ich frage noch einmal, ist das die Schuld der Kunst?

S. 71 u. s. w. wird es dem Könige Friedrich dem Zweyten zur Last gelegt, daß er die schönen Künste zu befördern gesucht habe!

S. 74. 75. Selbst die Tischreden und der dabey gebrauchte Witz werden dem Könige übel gedeutet. Die Indiscretion derjenigen, die er von Zeit zu Zeit zu seiner Tafel zog und seines nähern Umgangs würdigte, haben diesem Witze einen boshaftern Stachel gegeben, als er ursprünglich hatte. — Selbst des Königes reiche Phantasie, seine blitzschnelle Uebersicht aller Zufälle im Gebiete der Möglichkeiten, sein hoher Ehrgeiz, sein warmes Blut, werden ihm als Fehler angerechnet, weil diese Naturgaben für einen Heerführer in kritischen Momenten störend und gefährlich seyn sollen. — Ich glaube, daß es wenige Heerführer gegeben habe, und wenige geben werde, welche bey einem feurigen Geiste, — und das muß er doch seyn, wenn er fähig seyn soll, Hindernisse aller Art zu bekämpfen, — in so höchst wichtigen Augenblicken, kalt wie Eis, bleiben können, und werden. — Kann es der Verfasser? Wohl ihm! Ich denke aber, die Ruhe, die Gemüthsfassung, die der Verf. fordert, ist ein Ideal, das nie erreicht worden ist, nie erreicht werden kann. — Uebrigens nimmt der Verfasser hier und in einigen folgenden Blättern ganz unvermerkt viele von den harten Beschuldigungen wieder zurück, die er dem großen Könige im Vorhergehenden, besonders in Rücksicht seiner persönlichen Tapferkeit, gemacht hatte.

Die Bemerkung, welche der Verf. in der Note Seite 77 über die Schlacht bey Kunersdorf niedergeschrieben hat, veranlaßt mich, meine freymüthige Meinung über die Disposition zu dieser denkwürdigen Schlacht zu äußern; vorher aber zu bemerken, daß ich keinesweges die Absicht habe, den großen König deswegen zu tadeln, weil er diese Disposition so, wie es geschehen, und nicht auf die Art entworfen hat, die ich hier anzugeben wage. Die Ideenreihe, welche den König zu seiner Disposition führte, war von den Umständen veranlaßt, in denen er sich befand; und diese abzuändern, das lag nicht in seiner Gewalt. Diesen Einfluß der Umstände hat der Verf. fast nirgend gehörig beherzigt, woraus oft sehr ungerechte Urtheile entspringen.

Ich habe Gelegenheit gehabt, die Gegend bey Kunersdorf öfters zu bereisen, und bey dieser Bereisung folgende Betrachtungen anzustellen:

Die russische Armee, samt dem Laudonschen Korps, bestand, allen Nachrichten zufolge, aus 60,000 Mann. — Man kann, ohne einen Irrthum zu begehen, annehmen, daß sich bey dieser Armee, mit Einschluß aller Proviant-Wagen, Artillerie u. s. w. Pferde, wenigstens 20,000 dergleichen Thiere befunden haben müssen. Die Anzahl der täglich erforderlichen Portionen kann man mithin, wenigstens zu 60,000, und die Anzahl der täglich erforderlichen Rationen, wenigstens zu 20,000 annehmen. Gesetzt, diese feindliche Armee wäre am 12ten August mit Brod und Mehl zusammen auf 18 Tage versehen gewesen. — Auf eben so viele Zeit kann sie aber nicht mit Fourage versehen gewesen seyn. Denn, rechnet man auf 1 Pferd im Durchschnitte 2¼ berlinische Metzen, und 3 Pf. Heu, 4 Pf. Stroh; so waren täglich erforderlich:

   An Hafer   3125 Schfl.
   An Heu   600 Centr.
   An Stroh   800 Centr.
 Mithin auf 18 Tage
   An Hafer   56,250 Schfl.
   An Heu   10,800 Centr.
   An Stroh   14,400 Centr.

Dieß würde ein sehr beträchtliches Magazin gewesen seyn. — Man hat nicht gehört, daß die Russen und Oestreicher bey Frankfurt ein so beträchtliches Magazin zusammengebracht hätten. Als der König im Lager bey Boosen stand, war es leicht in Erfahrung zu bringen, wie groß überhaupt die Vorräthe aller Art, nehmlich an Brod, Mehl, Hafer, Stroh, Heu und besonders an Munition waren, welche diese feindliche Armee in ihrem Lager auf den Höhen zwischen dem Juden- und Mühlberge zusammengebracht hatten. Diese Vorräthe konnten nie sehr beträchtlich seyn, und wenn ich oben einen Zeitraum von 18 Tagen angenommen habe; so ist dieß ein Maximum, welches in rerum natura gewiß nicht statt gefunden hat.

 Auf die Kenntniß der Quantität dieser Vorräthe konnte man indessen folgenden Entwurf gründen: die vereinigten Russen und Oestreicher nicht nur zu schlagen, sondern entweder zu vertilgen, oder sie wenigstens zu nöthigen, das Gewehr zu strecken. Nachdem nämlich die preußische Armee im Lager bey Bischofssee angekommen war; so mußte das Finkische Korps auf den Höhen von Trettin eine feste Stellung nehmen, d. h. damit anfangen, erstlich seine Batterien, und nach und nach mehrere Punkte zu verschanzen, so, daß aus dieser Stellung ein ordentlich verschanztes Lager entstand. — Die Uebergänge über das Hüner-Fließ bey der großen Mühle und bey der Becker-Mühle, mußten sofort ruinirt werden. — Den Uebergang bey der Reetscher-Mühle konnte man beybehalten, und auf dem Kleist-Berge ebenfalls eine verschanzte Batterie anlegen, wodurch die verschanzte Stellung auf den Höhen von Trettin eine ganz ungemeine Stärke erhalten haben würde. — Da man zu diesen Verschanzungen nicht nur Soldaten, die tüchtig bezahlt werden mußten, sondern auch alle erwachsene männliche Einwohner in den Dörfern Bischofssee, Leussow, Trettin, Oetscher u. s. w. gebrauchen konnte; so würden diese Verschanzungen in dem Zeitraume von 36 bis 48 Stunden einen ziemlichen Grad von Stärke erhalten haben. — Diese Zeit mußte man anwenden, die Gegend zwischen Bischofssee, Reipzig, Schweste, überhaupt die Stellung des Feindes genau kennen zu lernen; welches geschehen konnte, wenn man einen zahlreichen, wohlunterrichteten Generalstab hatte, davon die Offiziere unter hinreichenden Bedeckungen mit dem Auftrage vorgeschickt wurden,

wurden, schriftliche, durch Croquis erläuterte Rapporte zurückzubringen. Durch dieses Mittel würde man die Gegend und die Stellung des Feindes auf das genaueste haben kennen lernen und in den Stand gesetzt worden seyn, den wahren Angriffspunkt zu bestimmen. Nachdem, obenerwehntermaßen, das Finksche Korps auf den Höhen von Trettin verschanzt worden wäre; so würde diese Stellung den Pivot des rechten Flügels abgegeben haben, und man hätte nunmehr, etwa den 15ten August, mit dem ganzen übrigen Theil der Armee links abmarschiren, und die Attake auf den rechten Flügel des auf dem Judenberge stehenden Feindes unternehmen können. Wenn der General Wunsch zu eben der Zeit Frankfurt genommen hätte, wie er es denn wirklich nahm, wenn er nicht nur die russischen Schiffbrücken, sondern auch die stehende Oderbrücke abgebrannt hätte; — in welche Verlegenheit würde diese große feindliche Armee gerathen seyn? — In dem Kunersdorfer Walde da, wo die Faule- und Blanken-See befindlich ist, hätte man ein kleines Korps zur Kommunikation mit dem Finkschen Korps stehen lassen können. — Man hätte den Seidlitzberg ebenfalls mit einer schweren Batterie besetzen, und das Kanonenfeuer aus den verschanzten Batterien auf den Trettiner Bergen, aus der Kleist- und Seidlitz-Batterie zu eben der Zeit seinen Anfang nehmen lassen müssen, zu welcher die Haupt-Attake auf den Judenberg ihren Anfang genommen hätte.

Hätte die russische Armee den Zwischenraum vom 12. zum 15. August dazu benutzt, sich aus dieser Stellung herauszuziehen und nach Reppen zu marschiren, so würde dieß um so erwünschter gewesen seyn, weil man sie in diesem Falle auf dem Marsche hätte angreifen können, wo sie ihrer Niederlage eben so wenig entgangen seyn würde. — Wäre sie aber in diesem Lager stehen geblieben; hätte sie die Vollendung aller dieser Anstalten abgewartet, deren wahren Zweck sie, weil die Bewegungen der preußischen Armee durch den Wald verdeckt wurden, vermuthlich nicht errathen konnte; so war diese Schach-Partie (um mich der Terminologie unsers Verf. zu bedienen) verlohren, und selbst dem Springer Laudon blieb kein Feld mehr offen. — Wurde die preußische Haupt-Armee geschlagen, so konnte sie sich über Reppen auf die Höhen hinter Zielenzig, und von da, entweder nach Glogau, oder was noch weit besser war, über Landsberg nach Cüstrin zurückziehen. Das Finkische Korps konnte ohne alle Gefahr über die Oder zurückgehen, und das Lager auf den Höhen zwischen Reithwein und Podelzig nehmen, und in demselben die Wiedervereinigung mit der Haupt-Armee abwarten. War in dieser Stellung für das Finkische Korps Gefahr; so konnte es sich durch

Cüstrin zurückziehen und hinter Cüstrin die Vereinigung mit der Hauptarmee abwarten, welche ohnehin in wenigen Tagen geschehen mußte. — Die Russen und Oestreicher konnten deswegen doch nicht nach Berlin gehen, weil sie die ganze preußische Armee, die sich aus Cüstrin ihren Verlust an Kanonen und Munition ersetzen lassen mußte und konnte, im Rücken hatten. Ich bin weit entfernt, den großen König durch diesen Entwurf zur Schlacht bey Kunersdorf tadeln zu wollen, und habe schon oben gesagt, daß einmal der König eine andere Ideenreihe im Kopfe gehabt habe. Ich habe dieses Schlachtfeld oft beritten, und bin dadurch auf diese Ideenreihe, auf diesen Entwurf geführt worden, den ich hiermit dem Urtheile erfahrener und einsichtsvoller Kriegesverständigen vorlege. — Meine wenigen Erfahrungen haben mich von der Wahrheit auf das lebhafteste überzeugt, daß man bey den großen Ereignissen — den Schlachten — alles dem blinden Glück überlasse, wenn derjenige, der den Entwurf zur Schlacht macht, das Terrain nicht auf das genaueste kennt. Hätte der König einen gut besetzten Generalstaab gehabt, so würde er sich nicht in der traurigen Nothwendigkeit befunden haben, einen Mann, der bloß auf diesem Boden gejagt hatte, nach der Beschaffenheit desselben zu fragen. Man war von den Schwierigkeiten des Terrains noch nicht gehörig unterrichtet, als man die Armee schon in Marsch setzte; daher das Umkehren derselben im Walde, daher der Mangel an Geschütz, gerade in den entscheidendsten Augenblicken, weil man dieses Geschütz weder über das Hünerfließ noch durch den Wald rasch genug fortbringen konnte, — daher endlich der Verlust der Schlacht! — Der sonderbaren Meinung des Verfassers, daß der König, nachdem er den Mühlenberg erobert hatte, die Armee hätte rechts abmarschiren und in der Niederung gegen die Damm-Vorstadt hätte vorrücken lassen sollen, — dieser Meinung kann ich auch nicht beypflichten. — Wenn auch diese Niederung in jenem Sommer hart wie eine Tenne war; so würde doch der Uebergang über den hochufrigen Bach, der vom rothen Vorwerk herkömmt, besonders für die Kavallerie gar sehr große Schwierigkeiten verursacht haben; und überdieß würden diese, gegen die Damm-Vorstadt vorrückenden Truppen das Feuer aller der Batterien in der linken Flanke, und selbst im Rücken, welche die Russen auf den Judenbergen nach dieser Richtung anfahren lassen konnten, bekommen haben. Das Laudonsche Korps konnte, wenn es auch zurückgedrängt worden wäre, den großen Straßen-Damm zur Brustwehre nehmen; und so würden diese gegen die Damm-Vorstadt vorrückenden preußischen Truppen im Flanken-, Rücken- und Frontal-Feuer gestanden haben! — Ich berufe mich hier auf das Urtheil aller derer, die das Terrain genau kennen.

Gegen meinen oben erwähnten Entwurf zur Schlacht bey Kunersdorf kann man hauptsächlich den Einwurf machen, daß man eine Armee intimidire, wenn man sie nicht nur nicht gleich an den Feind führe, sondern selbst einen Flügel von ihr noch überdieß verschanze. — Hierauf antworte ich: daß sich der General einer Armee, schon durch vorhergehende Ereignisse, des Zutrauens dieser Armee würdig gemacht haben müsse und würdig gemacht haben werde; und daß man selbst in Friedens-Manövern dergleichen Anordnungen gemacht haben müsse, wo ein Flügel nicht nur stehen bleibt, sondern selbst verschanzt wird, um den andern beweglichen Flügel zum Pivot, — zum Anstützungspunkte, — zu dienen. — Wenn ein Mann an der Spitze der Armee steht, der sich ihr Zutrauen erworben hat; wenn Friedens-Manöver dieser Art zur Vorbereitung zum Kriege gedient haben; so wird man nicht befürchten dürfen, daß eine Armee durch Anstalten dieser Art werde intimidiret werden. Vielmehr werden kluge und einsichtsvolle Offiziere dem gemeinen Manne durch Winke, selbst durch halbe Winke, zu verstehen geben können, daß unter diesen Vorbereitungen des Generals große Absichten zum Grunde liegen, die sich nächstens zu ihrer großen Freude entwickeln würden. Ich kenne kein besseres Mittel, sich des glücklichen Ausganges eines solchen wichtigen Tages zu versichern, das Glück an seine Fahnen zu fesseln, als solche Anordnungen, die uns Schritt vor Schritt zum Zwecke führen, und uns zum Herrn der Umstände machen. — Wenn man die Kunst auf eine solche Art ausübt; so verliert sie alle Unzuverläßigkeit, und erhält den Grad von Zuverläßigkeit, den menschliche Unternehmungen nur immer erlangen können. — Bekümmert sich aber der General höchstens nur um den ersten Aufmarsch, und läßt denn die Bataillone und Eskadrone los, wie man eine Kuppel Jagdhunde losläßt; — alsdenn läßt sich freylich auf keine Zuverläßigkeit rechnen. —

Der Herr General von Tempelhoff spricht in seiner Erzählung von der Schlacht bey Kunersdorf von einem unvorherzusehenden Zufalle, von einem Umstande, der nicht einmal bekannt wird, als Dingen, die manchmal das Schicksal einer Schlacht entscheiden. — Unser Verfasser ergreift diese Geständnisse sogleich, weil sie in seinen Kram, wegen der Unzuverläßigkeit der Kunst, gehören. — Es ist aber sehr deutlich, daß jene Ausdrücke des Herrn Generals von Tempelhoff nur überhaupt zu den Entschuldigungen gehören, womit er das Betragen des Königes bey dieser Gelegenheit zu rechtfertigen sucht. Ein Mann wie Tempelhoff will gewiß die Kunst nicht für unzuverläßig ausgeben. — Bey dieser Gelegenheit habe ich die Erzählung dieses einsichtsvollen Kunstverständigen von der Schlacht bey Kunersdorf wieder genau durchgegangen, und bemerkt, daß sie ungemein an Deutlichkeit gewonnen haben würde, wenn sich derselbe bey der Beschreibung des Terrains in den Standpunkt desjenigen hätte setzen wollen, der mit der Königl. Armee zum Angriffe vorgerückt wäre. — Die Beschreibung des Terrains würde alsdenn mit der Beschreibung der Schlacht selbst genauer zusammengetroffen haben.

XIV. Abschnitt. Kenntnisse, Karakter und Schicksale der Kriegsleute. — Spätere Periode.

Dieser Abschnitt enthält unstreitig sehr viele gute und wahre Bemerkungen; indessen auch sehr viele bittere, unbillige, mit Ingrimm des Herzens niedergeschriebene Beobachtungen; welches nicht fehlen kann, wenn man Sätze aus dem Zusammenhange heraushebt, einzelne Fakta aufgreift und zur Schau hinstellt, und alles das deswegen so ordnet, damit man sein eignes System darauf bauen könne. — Immer geht das Bestreben des Verfassers dahin, uns die Fehler der Kriegsverfassungen aller Staaten, die leider bekannt genug sind, in einem wachsend gräßlichen Lichte darzustellen, ohne — welches wohl zu merken ist, — brauchbare Gegenmittel anzugeben. Der Verf. ist dem Arzte gleich, der die Gebrechlichkeiten unseres Körpers auf eine sehr beunruhigende Art schildert, aber entweder ängstlich oder unwissend genug ist, uns nicht helfen zu können.

Warum schildert der Verf. den Zustand des gemeinen Soldaten, selbst des subaltern Offiziers, noch kläglicher als er es wirklich — wenigstens im Ganzen — ist? Ist es eines weisen und verständigen Mannes würdig, die Uebel und Gebrechen noch schwärzer vorzustellen, den Zustand, in welchem sich eine gewisse Klasse Menschen befindet, noch kläglicher abzuschildern, um ihnen nur diesen Zustand noch unerträglicher zu machen? — Was beabsichtiget er dabey? —

XV. Abschnitt. Die Preußische Schule.

Der Verf. scheint selbst nicht zu ahnen, welches schöne und große Lob er dem Könige S. 175 beylegt, wo er sagt: „Friedrich ersann die Aufgaben, „befahl, daß sie gemacht werden sollten, trieb scharf

„dazu an, die Art und Weise wie, überließ er den
„Vorstehern der Werkstatt u. s. w. Ferner: Wohl
„verstand er die Maschine zu gebrauchen, minder
„wohl, sie zu zimmern."

Ein König kann und darf sich nicht mit diesen
details minutieux abgeben, dazu hat er seine
Officiers' evolutionaires. — Das hätte der Verf.
bedenken sollen!

Der Verf. schreibt überall Sallern, wie der
gemeine Mann diesen Namen auszusprechen pflegte,
statt Saldern, wie dieser General wirklich hieß.

Das Heraufschleudern des Gewehrs mit dem
linken Arme, ohne sich des rechten Arms dabey zu
bedienen, heißt der Verf. ziemlich richtig: Bilbo-
quet spielen. S. 186.

Der Erfindung der cylindrischen Ladestöcke, welche der Verf. dem Herzoge Friedrich von Braun-
schweig-Oels zuschreibt, mißt er die Schuld bey,
daß die Flinte, welche bey der Ladung nicht mehr
schräg, sondern beynahe grade vor sich gehalten werden muß; vier bis fünf Zoll von ihrer Länge ein-
büßte, zu nicht geringer Gefahr des ersten Gliedes,
wenn mit dreyen gefeuert werden soll, und das
hinterste zu tief anschlägt. S. 187.

S. 195 macht der Verf. eine sehr richtige Bemerkung über eine Vorschrift des Generals von
Saldern, der da will: „die verschiedenen Kadenzen
„und Weiten der Schritte müssen den Soldaten

„so bekannt seyn, daß er nur in den beschwerlich„sten Terrains, — den Tritt verliert." — „Dies„ser Fall," sagt der Verfasser, „kommt aber in „der ernsten Anwendung so häufig vor, daß ein „der Kadenz günstiger Boden, vernünftigerweise, „eher zur Ausnahme als zur Regel dienen sollte. „Hiervon will aber die sublimirte Tak„tik nichts wissen, bereitet sich auch nicht „im Geringsten dazu vor."

Nachdem der Verf. über Allignement, Gesichts-Anlehnungspunkte, über das Richten und das dabey zu beobachtende Verfahren gesprochen hat; so ertheilet er denjenigen, die da wähnen, daß es im Kriege damit eben die Bewandniß habe, S. 220 die Lehre: „So beym Manöver zur Heerschau: „im Kriege — wird wohl Niemand leicht nach „Gesichtspunkten von Thürmen oder Bäumen spä„hen. Der, welcher, ohne seinen Gegner zu se„hen, sich aufstellt, folgt, wenn er klüglich han„delt, der Beschaffenheit des Erdbodens: diese ver„wirft und verschmähet, wie bekannt, jede regel„mäßige Figur, jede gerade Linie: Unglück über „den, der sie pedantisch suchen und festhalten wollte! „Der Anrückende sieht an seinem Feinde, wie „er sich gegen ihn zu formiren hat, und braucht „abermals keine Gesichtspunkte, um parallel oder „schief, wie es ihm sein guter oder böser Engel „anräth, den Kampf einzugehen. Verliert er

„dabey seine Zeit mit Abglätten der Fak„ten; so bleibt die Strafe selten aus." —
Dieß denen zur Lehre, die dieß Abglätten zu ihrer ernsthaftesten Beschäftigung machen.

Das, was der Verf. von S. 227 an über das Avanziren sagt, ist allen denen zu empfehlen, welche in die bis jetzt bekannten Mittel eine zu große Zuversicht setzen. „An ein paar Schultern „also knüpft diese Taktik das Gelingen einer ih„rer Hauptbewegungen, und diese Zartheit äußert „sich schon auf dem Exercierplatze! — ruft der „Verf. S. 235 aus; — und 236. 237: das Mit„teltheil des Fahnenzugs machen die, aus dem „dritten Gliede ins erste Glied getretenen andern „zwey Feldwebel und zwey Fahnenträger. Daß „letztere vier Signa oder Zeichen, nämlich Fahnen „und Kurzgewehre, mit den vorgezogenen Vieren „stets ein rechtwinklichtes Viereck, dessen „Seiten acht Fuß und vierzehn Fuß mes„sen, bilden; — darauf kommt das Pa„rallel-Avanziren eines Bataillons und „dann einer ganzen Linie von Bataillo„nen an!!"

Das Ziehen, dessen der Verf. S. 241 erwähnt, hat die allerneueste Taktik dadurch verbessert oder — verbessern wollen — daß mit Sektionen kleine Schwenkungen gemacht werden; wobey es freylich nothwendig ist, daß die Flügelleute der

Sektionen gut aufeinander gerichtet bleiben. — Mir scheint es indessen immer, als wenn man Einer Zartheit mit einer andern nicht minder kleinen Zartheit zu Hülfe kommen wolle. —

S. 245. Die allerneueste Taktik will nicht mehr, daß, vor jeder Salve, das Bataillon oder Peloton drey volle Schritte vorwärts thue; sie will vielmehr, diese allerneueste Taktik, daß die Bataillone oder Pelotons, welche feuern, Halt machen, auf der Stelle losschießen, und dann sogleich wieder avanziren.

Von dem Retiriren einer vollen Linie sagt der Verf. S. 251: daß sie, ausschließend, auf dem Exercierplatze zu Hause gehöre. Und nachdem er die Retraite en Echequier mit einem, und mit zwey Treffen beschrieben hat; so ruft er Seite 255, mit einer Art von Begeisterung, aus: „Aber, „glückselig der, welcher es dahin gebracht hat, „zu verfolgen!" Der Verf. verwirft also alle mit Ordnung unternommene und ausgeführte Retraiten, und zwar, aus der wichtigen Ursache, weil sie langsamer, als ein irregulairer Lauf ist? Er scheint ganz vergessen zu haben, daß eine sich zurückziehende, von Artillerie entblößte Infanterie nichts so sehr zu befürchten habe als Kavallerie, gegen welche sie sich nur durch ihre Vereinigung und Unzertrennlichkeit decken kann! — Wo bleiben nun diese ihre alleinige Schutzwehren im Laufe? —

Die Kavallerie wird die Laufenden einholen, und, wenn sie einzeln sind, trotz ihrer ungeheuer langen Spieße, womit sie, nach dem Verf., bewaffnet seyn sollen, und der Löwenhaut, womit sie bekleidet seyn möchten, niederrennen, schlachten, und sich der Offiziere und der Kanonen bemächtigen. Wovon bilden wir nun Tages darauf unsern Heerhaufen? — möchte man den Verf. fragen!

S. 261. sagt der Verf.: „Nun aber, wenn „sich die erste Attake auf Schußweite dem Fein„de genähert hat, muß sie halten und warten, „bis die übrigen neben ihr anlangen, wovon die „vierte 300 Schritte zu machen hat." — Keinesweges! Die erste Attake feuert gleich, und da im Geschwind-Tritte 110 Schritte in einer Minute gemacht werden können; die Attaken aber nur 150 Schritte von einander entfernt sind; so kann dieses Allein-Schießen nur etwas über 1¼ Minute dauren.

Auch das Drehen auf der Axe verweiset der Verf. — und bey großen Frontlinien das mit Recht, — auf den Exercierplatz, S. 268. — Indessen muß man doch, der Wahrheit gemäß, gestehen, daß das 2te Bataillon Regiments Prinz von Preußen im Jahre 1778 dieses Feuern ohnweit Trautenau mit Erfolg angebracht hat, indem dieses Bataillon, welches die Arriergarde machte, durch dieses Feuer einige Züge östreichischer Dragoner zurückscheuchte. Diese Dragoner standen aufmarschirt da, um jenes Bataillon anzugreifen, wenn es anfangen würde, sich zurückzuziehen. — Das standhafte Feuern dieser Infanterie veranlaßte ihre Gegner, sich aus der Schußweite zurückzuziehen. Es ist also doch wohl zweckmäßig, wenn Truppen auf dergleichen Vorfälle geübt werden?

S. 271. u. s. w. Hier zeigt sich eine Armee in Schlachtordnung gestellt. Bey ihrer linken Flanke zieht die feindliche Armee vorüber. Der Verf. marschirt, wie billig, sogleich treffenweise links ab, und will den Feind, der nur einzuschwenken braucht, mit seinem linken Flügel in der Fronte angreifen. — Piano! Pianissimo! möchte man hier ausrufen. Ist das die Taktik, die der Verf. so sehr preiset? — Seine Lascy's und Moreau's würden damit nicht einverstanden seyn. — Der Feind, den der Verf. hier gegen sich über annimmt, ist indessen von der größten Höflichkeit. — Er könnte ihn aufrollen. — Das thut er nicht; er setzt seinen Marsch fort, und läßt sich selbst die linke Flanke nehmen! — Feinde dieser Art zu schlagen, — dazu ist freylich die allerunzuverlässigste Kunst hinreichend!

Dasjenige, was der Verf. von S. 269 bis 273 über den verkehrten Aufmarsch sagt, erinnert an die Bataille bey Kay, die man auch die Bataille bey Züllichau nennt. Wäre General Wedell ein Mann gewesen, der sich von den Fesseln des Herkommens frey zu machen gewußt, und der nur einige Kenntnisse von der Kunst besessen hätte, ein Terrain zu beurtheilen und praktisch zu benutzen; so würde er die Schlacht bey Kay nicht nur gewonnen, sondern auch die russische Armee genöthiget haben, das Gewehr zu strecken, oder in den Wellen der Oder umzukommen. Der russische General manövrirte ganz so, als wenn es sein ernstlicher Wunsch gewesen wäre, einem von den oben erwehnten Schicksalen unterzuliegen. — Daß dies nicht geschah, lag nicht an der Kunst, sondern an demjenigen, der diese Kunst ausüben sollte, und sie leider! nicht verstand. Da ist es, wie ich bereits oben gesagt habe, kein Wunder, daß die Kunst unzuverläßig ist, wenn sie von Männern ausgeübt werden soll, die keine Kenner der Kunst sind!

S. 286. Es giebt wohl ein Mittel, ein Quarree mit größter Ordnung, ohne alle Künstler-Grille, schwenken zu lassen; ich würde aber, um mich deutlich zu machen, einer Figur bedürfen. Uebrigens hätte der Verf. nicht vergessen müssen, seinen Layen zu sagen, daß in den Ecken des Quarrees, die er für so schwach ausgiebt, Kanonen mit Kartätschen geladen zu stehen pflegen.

S. 288. Das Schließen, eine Seitenbewegung mit beybehaltener Fronte, ist eine Bewegung, welche der Verf. mit eigenen Augen noch nicht gesehen zu haben scheint. Dieses Schließen ist nur dann möglich, wenn alle Leute, aus welchen das Glied besteht, zugleich antreten; sonst entsteht freylich ein Getrample, wobey nur der Flügelmann in der That seitwärts Raum gewinnt. Setzen aber alle zugleich den rechten Fuß weg, der einwärts gesetzt von Hacken zu Hacken einen Raum von ohngefähr 18 Zoll wegtreten kann; so geht der Obertheil des Körpers ebenfalls rechts aus seiner Perpendikuläre weg, und hindert den Nebenmann nicht. — Es ist übrigens etwas lächerlich, daß der Verf. die Möglichkeit einer Sache, die er täglich ausüben sehen kann, theoretisch leugnen will! — Das erinnert an den Weltweisen, der die Möglichkeit der Bewegung leugnete, indeß sich sein Gegner bewegte.

XVI. Abschnitt. Feldmarschall Lascy.

„Lascy (sagt der Verf. S. 294.) ist der Gleich„tritt kein so ganz unentbehrliches Element; den„noch will er, daß derselbe stets gehalten werde, „und giebt nicht minder, als die preußische Schule,
eine

„eine gute Anzahl Hülfsmittel dazu an, aber
„bloß beym Marschiren mit Zügen; nämlich daß
„alle hintereinanderfolgende Züge stets mit einem
„und demselben Fuße treten, welches gerade
„am wenigsten nothwendig und auch am
„wenigsten in die Augen fällt." — Wie
eine große oder auch kleine Linie, ohne Schwanken, Oeffnen, Drängen, ihre Richtung beybehalten
solle, ohne Tritt zu halten, ist nicht einzusehen.
Auch ist es unleugbar, daß, bey dem Einrücken
in ein gegebenes Point de vûe, eine Kolonne,
deren Züge alle mit einem und eben demselben
Tritte marschiren, weniger weder auflaufen, noch
stutzen, noch Distanz verlieren wird, als eine
Kolonne, bey welcher auf alles dieses nicht gesehen
wird. — Das Tritthalten wird geübten Truppen zur andern Natur.

S. 298. In der Note sagt der Verf., daß die
Oestreicher und auch die Sachsen mit ihren 16 Pelotons einen Vorzug vor den Preußen hätten,
als welche an ihren 8 Pelotons zu wenig haben
sollen. — Die Ursache dieses Vorzuges ist mir
nicht einleuchtend; wenigstens ist es schwer, diese
Behauptung des Verfassers mit seinen Aeußerungen in der ersten Abtheilung dieses Werkes zu vereinbaren, wo er sich beschwert, daß zuviele Offiziere bey den Armeen sind, deren Anzahl

durch die größere Anzahl der Pelotons nothwendig vergrößert werden muß.

S. 305. Es soll, vor dem Feldmarschall Lascy, niemand auf dem Marsche Front rückwärts gefallen seyn. — Er war bey den Hannoveranern eingeführt, ehe die Oestreicher ihn kannten, oder ehe Lascy sie solchen lehrte. —

S. 308. Der Verf. rühmt hier die östreichische vom Feldmarschall Lascy eingeführte Art mit rechts- oder linksum zu marschiren, und giebt ihr den Vorzug vor der preußischen Methode. Warum? weil ihm die preußische Evolutions-Art pedantisch scheint. Wir wollen beyde Arten miteinander vergleichen, und der militarische Leser wird derjenigen den Vorzug zugestehen, welche die wenigste Kombination, und die kürzeste Zeit erfordert, ein Bataillon aus seiner alten Stellung in die neue zu bewegen. Also beide, das östreichische und das preußische Bataillon, machen rechtsum. — Die Glieder des östreichischen Bataillons haben 2 Fuß Distanz; sie rücken auf. — Diese Zeit ersparen die Preußen. — Die Oestreicher treten mit Bequemlichkeit an, nachdem nämlich jeder Vordermann seinem Hintermanne Platz gemacht hat. Das Bataillon wird dadurch wenigstens doppelt so lang als es war, und wenn der rechte Flügelmann auf seinen Platz kömmt; so hat der linke Flügelmann noch eine Länge, die der Fronte des Bataillons gleich ist, durchzulaufen, ehe er auf seinem Platze ist. — Der Verf. steht in der Meinung: diese Zeit werde dadurch vollkommen eingebracht, daß jeder Einzelne Front macht, wenn er an seinen Vordermann heran ist. — Mit nichten! — Bey den Preußen tritt alles auf das Wort Marsch! an; und in dem Augenblicke, wo der rechte Flügel den Ort seiner Bestimmung erreicht hat, muß auch der linke Flügel, der mit vorwärts getreten ist, auf seinem Flecke stehen. Es braucht also nur zwey Wörter: Halt! Front! so ist die Evolution vollbracht. —

Da man übrigens diese von dem Verf. mit dem Ehrenworte Kunst bezeichnete Evolution den Beurlaubten schon am ersten Tage der Exercierzeit wiederholen läßt; so würde eine Pralerey damit dem preußischen Soldaten lächerlich scheinen.

S. 309. 311. Der Verf. ist hier so dunkel wie ein Adept. Verstehe ich ihn recht; so soll ein Bataillon, welches in Zügen rechts abmarschirt ist, und gegen Osten vorrückt, den Feind plötzlich in Süden erblicken; und nun ist dem Verf. ein verworrenes Durcheinanderlaufen der Rotten eine neue Art, dem Feinde das erste Glied entgegen zu stellen. — Die Preußen, die armen Preußen, welchen der Verf. immer einen kleinen Seitenhieb beyzubringen sucht; verstehen, ohne viel Rühmens von sich zu machen, die Kunst, das alles mit Ordnung und Schnelligkeit ins Werk zu richten. Der erste Zug schwenkt nemlich rechts, und macht dann Halt! — Die übrigen Züge gehen im Dublir-Schritte hinter ihm weg, und so wie ein Zug mit seinem rechten Flügel an den linken Flügel seines Vorderzugs herankömmt, nimmt er die linke Schulter vor, und macht auf der neuen Richtung Halt! — Aber, diese leichte Evolution kann der Verf. wohl nicht meinen? —

Noch dunkler ist die Angabe der zweyten Evolution, die den Preußen unbekannt seyn soll. Ich glaube, der Verf. würde einen Stuhl lieber ein Ding zum Sitzen nennen, als ihm den von allen Stuhlmachern einmal angenommenen Namen geben. — So geht es ihm auch öfters mit seinen taktischen Benennungen. Die Rotten laufen hier an und ab, daß es eine wahre Lust ist; und wenn eine Partie schräge, die andere krumm herum gelaufen ist; so ist das Ding fertig! — Aber, was für ein Ding? — Man möchte glauben, daß die bekannte Anekdote von des östreichischen Generals G** Namenszug der Kaiserin Maria Theresia endlich zum Vorscheine kommen werde. — Es scheint, der Verf. will sagen, er marschire mit Rechtsum gegen Osten, und erblicke hier, also in seiner rechten Flanke, den Feind, dem er das Bataillon en Front entgegen stellen will. — Ein preußischer Kommandeur würde dieses Problem mit zwey Kommando-Wörtern lösen: In Zügen gesetzt! und sodann: En Eventail links aufmarschirt! Eine Erklärung dieser Alltagssache wird der militärische Leser wohl nicht verlangen; dem Layen könnte sie nicht nützen. Ob es übrigens besser sey, beym Aufmarschiren eines Zuges, der rechtsum gemacht hatte, die Tete, die sich rückwärts nicht umsehen kann, rechts weggehen zu lassen; oder lieber die Queue des Zuges links heraus zu ziehen, wo sie ihre Richtung immer im Auge hat, will ich eines jeden Urtheil anheim stellen; nur muß er nicht Verwirrung der Ordnung und An- Ab- und Durcheinanderlaufen dem ruhigen Schritte einer geübten Schaar vorziehen wollen.

Es scheint übrigens dem Verf. ganz unbekannt zu seyn: daß schon unter Friedrich dem Zweyten alle Seitenbewegungen, die über zwanzig Schritte betragen, nicht mehr mit Rechts- oder Linksum gemacht worden, weil der langsame Schritt auf ebenem Terrain beschwerlich, aber nicht unmöglich ist. — Das Bataillon schwenket sodann allemal mit Sektionen oder mit Sechsen ab. Diese Abtheilungen werden jedesmal schon beym Stellen der Kompagnie bezeichnet und bleiben den ganzen Exerciertag über unverändert. Schon unter Friedrich dem Zweyten marschirten die Quarreeflanken mit

Sechsen, und seit dem Jahre 1797 auch die einzelnen Pelotons, die bey einer Schachbrett-Retirade (wie sie der Verf., Burscheids Terminologie zufolge, zu benennen beliebt) von den Flügeln der Bataillone in die Flanke geworfen werden; auf das Kommando: Halt! schwenken diese Abtheilungen von selbst ein, und es ist dabey also das Kommando: Front! welches dem Verf. eine Ewigkeit zu seyn scheint, erspart. —

Alle diejenigen, die mit Truppen auf dem Exercierplatze oder vor dem Feinde zu thun haben, bitte ich, das zu lesen, was der Verf. S. 318. 319 sagt. — Die Lehren, welche diese Herren hier erhalten, können ihnen, wenn sie anders wollen, so ersprießlichen Nutzen schaffen, daß sie schon darum allein dieses Buch kaufen sollten. Dazu gehört auch die Lascysche Verordnung S. 320, vermöge welcher alle Bataillone, wenn sie zum Manövriren zusammenstoßen, mit Sack und Pack ausrücken sollen, widrigenfalls man von ihrer Hurtigkeit niemals unterrichtet seyn, noch wissen könne, was sie eigentlich zu leisten im Stande wären!!

Der Verf. giebt dem Feldmarschall Lascy Schuld, daß er, durch seine Dienstvorschrift, den Saamen der Unentschlossenheit und des Zögerns in der östreichischen Armee ausgestreuet, und dadurch veranlaßt habe, daß in dem Revolutions-Kriege die republikanischen Anführer den östreichischen quer durch deren schönste Anordnungen, gewöhnlich um einen Tag zu frühe gekommen seyen. — Der preußischen Schule gesteht er zwar noch zu, daß der Satz des ungesäumten Darauflosgehens, womit Leopold von Dessau sie begabt habe, noch immer unverkennbar zum Grunde liege; glaubt aber doch, daß man preußischer Seits, schon im einjährigen Kriege, und nachher auch an der Maas und am Rhein, jeden Erfolg zu gewiß habe nehmen wollen, und bey diesem Abfalle bestraft worden sey. —

Es ist mir wohl bekannt, daß Viele der Meinung sind: König Friedrich der Zweyte hätte im einjährigen, oder sogenannten Bayerschen Kriege, rasch über die Elbe gehen, und bis Prag u. s. w. vordringen sollen. — Dieses Urtheil ist mir aber immer höchst seicht und einseitig vorgekommen; Frankreich und Rußland war eben so viel als Preußen daran gelegen, daß Oestreich Bayern nicht verschlänge. — Jene beide Mächte begnügten sich mit Negociationen. Der König stand mit gewaffneter Hand in Böhmen, und that schon mehr als jene beide Mächte zusammen, davon die eine, Rußland nämlich, gerne gesehen haben würde, wenn er noch größere Aufopferungen gemacht hätte. — Es war also sehr weise vom Könige, sich nicht weiter einzulassen, sondern vielmehr durch sein Zögern, wenn man es so nennen will, die beiden andern Mächte zu veranlassen, eine nachdrucksvollere Sprache zu führen. — In den Kriegen an der Maas und am Rhein sah man, schon im ersten Jahre, aus den bey Longwy und Verdun gemachten Erfahrungen, daß Preußen in diesem Kriege vieles aufopfern und wenig gewinnen könne und werde.. — An Einheit des Operationsplans in allen diesen Feldzügen war gar nicht zu gedenken; und wenn aus allen diesen Gefechten der Preußen keine große Résultate hervorgetreten sind, so ist daran nicht die Kriegskunst der Preußen, sondern vielmehr eine gewisse politische Verkettung der Umstände Schuld, die ihren Feldherren Vorsicht empfahl, und sie von dem Gedanken abhalten mußte, den Kern der Armee einem fremden Interesse aufzuopfern. — Sehr wichtige Gründe verbieten mir, mich tiefer in diese Materie einzulassen.

XVII. Abschnitt. Die Herbst-Manöver und Anacharsis.

Weder der Verfasser, noch sein kriegerischer Anacharsis sind in den wahren Geist dieser sogenannten Herbst-Manöver eingedrungen. Hier ist aber der Ort nicht, den Leser mit dem wahren Geiste dieser Manöver bekannt zu machen.

XVIII. Abschnitt. Aenesidemus.

Die Absicht dieses Abschnittes ist, den Zweifler Aenesidemus, welcher niemand anders als der Verf. selbst ist, die Einwürfe vortragen zu lassen, welche der nüchterne, gemeine Verstand, der an Menschen und an Waffen, am Muthe und am Zwange siehet, was sie wirklich sind, und was sie wirklich können, der preußischen Taktik entgegen zu setzen im Stande seyn möchte. Bloße Bürger und Bauern sollen es eben so gut und besser machen! „Man ernenne (S. 400) die geschicktesten davon, „die wo möglich schon gedient haben müssen, zu „Offizieren und Unter-Offizieren." Hier scheint ein kleiner Widerspruch zu seyn. Einmal hält der Verf. jeden bewaffneten Menschen für einen guten Soldaten, wenn er auch nicht getrillet worden ist; und nun will er doch Leute, die sonst schon gedient haben, als Unteroffiziere angestellet wissen. „Man muß sie (402) besonders in Wäldern, „in kupirten Terrains, und des Nachts brauchen." Wie viel solche Truppen in dergleichen Terrains vermögen, beweisen die tapfern Schweizer, besonders in den kleinen Kantons, gegen den Direktorial-General Schaumburg. Von diesen braven Leuten ließen sich die meisten auf den ihnen anges wiesenen Posten todtschlagen; — aber sie wurden doch überwunden. Nun ist es überdieß unstreitig wahr, daß derjenige General, der zum striktesten Vertheidigungs-Kriege genöthiget ist, endlich unterliegen muß. Dieß ist aber der Fall eines Generals, der mit bloßer Landmiliz Krieg führen muß, und dem es daher nicht erlaubt ist, offensive zu gehen, wozu er alle Arten Terrains, auch die freyen Gegenden nehmen muß.

„Das Pferd hat (S. 414) die übergewaltige „Impulsion seines Laufes und die ganze, gegen „den Fußgänger unverhältnißmäßige Masse seines „Körpers hinter sich, und reißet, selbst niederstürzend, durch die bloße Wuth seines Einsturzes, „alle drey Männer der Rotte zur Erden."

Wenn wir auch die vorhergehende Berechnung als wahr annehmen wollten; so würde doch dieß hier Gesagte völlig falsch seyn. — Der auf dem Pferde sitzende Reiter fällt mit diesem zugleich, er muß aufstehen, wenn er um sich herum hauen will. Ehe er aus dem Bügel heraus kömmt; ehe er sich unter seinem Pack und unter seinem Pferde hervorarbeitet, ist sicher einer oder zwey der durch das Pferd umgeworfen seyn sollenden Infanteristen wieder auf den Beinen, und schlägt den Reiter mit der Kolbe todt, wenn er nicht zum Bajonettstiche kommt. Der zweyte Reiter kann dem ersten nicht zu Hülfe kommen, weil sein Pferd weder an diesen gestürzten heran will, noch weniger dahin zu bringen seyn wird, über das vor ihm liegende Pferd herüber zu springen.

„Unter 300 Schritten (S. 414) aber bleiben „nur zwey Generalsalven rathsam." — Eine Infanterie, die, unter den vom Verf. hier angenommenen Umständen, Generalsalven geben wollte, würde freylich verlohren seyn; — das Peloton-Feuer aber wird sie retten. — Das unaufhörliche Schießen macht Mann und Pferde scheu, und alle gute und schlechte Reiter wissen, daß es leichter ist, ein Pferd auf den Ort zuzureiten, wo ein starker Knall herkömmt, als auf einen Ort, wo beständig geknackert wird. — Das einzelne Schießen ist beynahe noch besser, als das Peloton-Feuer.

„Die Regel festzusetzen: nicht mehr als ein„mal und nicht eher, als auf 30 oder 20 Schrit„te weit zu feuern, dann aber das Gewehr straks „zu fällen, ohne an Wiederladen zu gedenken. — Dieses ist doch wohl nur bey der Generalsalve zu verstehen, und dann könnte das erste und zweyte Glied das Gewehr fällen, und das dritte laden und schießen; freylich wird dabey leider mehr geknallt, als getroffen; aber auch das Knallen hilft, weil die Furchtsamen sehr gute Ohren haben!

„Kurz, mehrentheils alles (S. 433) was ein„leitend, außer der großen und kleinen Schußwei-

„te vorgenommen wird, und verrichtet werden „kann." — Die große Schußweite, wo nur Kanonenkugeln und keine Kartätschen-Schüsse hinreichen, wird und muß keine Unordnung unter Truppen zuwegebringen. Der etwanige Ausruf des nächsten Nebenmannes: Jesus! Maria! wenn eine Kanonenkugel eine Rotte weggerissen hat, ist noch keine Unordnung! — Vater Aenesidemus ist ja öfters selbst dabey gewesen, daß Truppen bis zum kleinen Gewehr-Feuer ruhig und geschlossen an den Feind herangeführet worden sind. — Dann, ja dann — sind Knochen und Fleisch kein Eisen, kein Marmor.

S. 441. Es ist nicht schwer zu enträthseln, wen der Verf. unter dem Peleiden verstehe! Wir wollen den Schleyer nicht aufdecken. Aber, fragen möchten wir den Verf.: ob er den Peleiden in einem Gefechte in neuern Zeiten gesehen habe? — Noch leben so entschlossen, wie bey Ha.... und bey Ho..... würde er Ihn, den Peleiden, gefunden haben. — Das kann der Verf. glauben! —

S. 444. in der Note. Die Zeit — daß jeder Staatsbürger auch Staatsvertheidiger würde, — welches der Verf. in die Zeit setzt, wenn die Monarchieen Konstitutionen haben 2c. wird wirklich erscheinen, — wenn das ganze Menschengeschlecht aufgeklärt seyn, jeder

Einzelne, ohne Egoismus, den Vortheil des gemeinen Besten seinem aufopfern und moralisch vollkommen seyn wird! So lange aber noch Parlemente, Notablen, National-Konvente, Direktoren, Konsuln, Minister u. s. w. oft auch aus Selbstsüchtlingen bestehen werden; so lange der arbeitende Aermere den Wohlhabenden beneidet, und auf alle Arten betrügt, um auch wohlhabend zu werden; so lange der Wohlhabende den Aermern, Unwissenden geringschätzt und drückt; — so lange Menschen Leidenschaften haben; — so lange wird es immer so fortgehen, wie es seit Adam gewesen ist; — und die Konstitutionen werden so viel wie nichts dazu thun, — so lange wird freylich auch die Taktik die Vollkommenheit nicht erreichen, welche der Verf. von ihr verlangt.

Von S. 447. bis an das Ende dieser Abtheilung findet man theils fromme Wünsche, theils leere Spekulationen. — Freywillige und besser besoldete Soldaten? — Wer läugnet die Güte einer Einrichtung, die uns lauter Freywillige liefern würde? Aber, diese Einrichtung? wo ist sie? — Nachdem der jetzige König von Preußen dem gemeinen Manne eine so beträchtliche Zulage, nämlich außer dem Traktamente auch das Brod, gegeben hat; so ist dem Soldaten das Leben ungemein erleichtert, da er, in den meisten Garnisonen, noch die leichte Gelegenheit eines Nebenverdienstes hat. — Wie hoch müßte aber der Sold des gemeinen Mannes seyn, wenn er im Winter beschwerliche Märsche machen, im Sommer Schanzen aufwerfen und Wege verbessern sollte? — Wie können Soldaten dem Staate, d. h. hier dem bürgerlichen Stande besser einverleibet werden, als durch die preußische Beurlaubungs-Methode? — Sogar der in den Städten mit dem Bürger unter einem Dache wohnende Ausländer wird endlich einheimisch. Es ist eine notorische Unwahrheit, wenn man behaupten wollte, diese Ausländer wären samt und sonders Vagabunden; ich getraue mir zu behaupten, daß der größte Theil dieser Ausländer sehr gute Menschen sind. Freylich kömmt alles darauf an, wie sie behandelt werden; und es ist nicht zu läugnen, daß der Offizier fast überall beschäftiget ist, mit diesen Leuten auf eine humanere Art umzugehen. Diese Humanität nimmt mit jedem Tage in der Armee zu. Die Strafen der Gemeinen werden gemildert, und überall, wo es nur möglich ist, den Augen des Publikums entzogen. — Unter den Offizieren herrscht, beynahe überall, ein seltener Eifer, ihre Kenntnisse zu erweitern, sich, ihrer Bestimmung gemäß, täglich mehr zu bilden. — Der Offizier sey arm; dennoch wird ihm das Studium seiner Berufswissenschaften weniger kosten, als Spiel und andere Zerstreuungen, die seinen Körper entkräften, und seinen Geist entadeln. Aber, wo soll der fleißigste Offizier Zeit finden, sich nützliche Kenntnisse zu erwerben, wenn er, nach dem Verf., im Winter mit seinen Soldaten tagtäglich marschiren und im Sommer den Aufseher bey jenen Arbeiten machen soll? — Wie es anzufangen ist, daß der Offizier die Kunst lerne, Terrains schnell zu beurtheilen, und hiernach zu benutzen; — das entwickelt der Verf. auch nicht deutlich genug.

XIX. Abschnitt. Die Russen unter Peter und Anna. —

Die Feldzüge der Russen und Türken, zweyer dem Chaos der Barbarey jetzt noch nicht einmal entrückten Nationen, sind wenig geschickt, Betrachtungen über die Zuverläßigkeit der Kunst des Krieges zu veranlassen; und derjenige würde sich gewaltig irren, der aus den Anordnungen eines Czaar Peters, und aus den Resultaten dieser Anordnungen den Schluß ziehen wollte, daß die Grundsätze der ächten Kriegskunst schwankend und unzuverläßig seyen. — Layen mögen diesen Abschnitt immer ruhig bey Seite legen; er muß ihnen höchst unverständlich seyn, da man nicht annehmen kann, daß Profane in der Kriegskunst mit den Plänen versehen seyn werden, auf welche sich der Verf. hier beruft, und ohne welche Pläne alles unverständlich ist, was er über diese Feldzüge zu der angezeigten Periode sagt. — Nun folgt (sagt der Verf. S. 32. 33) der in der russischen Kriegsgeschichte höchst merkwürdige Feldmarschall Münnich, ein **Genie in der Kriegführenkunst.** Was das für ein Genie gewesen ist, werden uns seine Thaten bald selbst lehren. — Münnichs Kenntnisse der Kriegskunst mögen Peters Kenntnisse übertroffen haben; aber, wie waren Münnichs Gegner beschaffen? — Sie mögen nicht um ein Haar besser gewesen seyn als Großvezier Baltagie Mehemet, der in seiner Jugend Holzhauer gewesen war; (m. s. auch S. 17 und S. 25) und was für eine Beschaffenheit es eigentlich mit Münnichs (von dem Verf. bewunderter) Ersteigung der Linien quer über die Landenge der Krimm im Jahre 1736 „wo der Gra„ben 12 Klafter breit und 7 Klafter tief, die Hö„he des Walles vom Boden bis an die Spitze „der Brustwehr aber 70 Fuß hoch" — schreibe, damit man es nicht etwa für einen Druckfehler halte, siebenzig Fuß, — gewesen ist, gehabt habe; — darüber giebt uns General Mannstein (historische, politische und militarische Nachrichten von Rußland S. 144) mit folgenden Worten

Auskunft *): „Als die Tartaren sahen, daß die
„Sache ernstlich zu werden begonnte, warteten
„sie nicht, bis erst die Soldaten heraufgestiegen
„waren, sondern ergriffen die Flucht u. s. w."
„Die Truppen hatten also nicht das geringste
„Hinderniß übrig, über die Linien zu setzen
„u. s. w."

Wo bleibt denn hier das Genie des Feld‍herrn? — Ich denke: auch ein Mann ohne Ge‍nie hätte seine Leute auf solche Art heran führen, und das Glück haben können, daß die Tartaren bey dem ersten Anscheine des Ernstes davon gelau‍fen wären. —

General Mannstein sagt ferner, S. 145.:
„Wahr ist es, jede andere Truppen, als die Tar‍
„taren, könnten die Ersteigung der Linien sehr
„schwer gemacht haben. Demohngeachtet würde
„man noch immer in die Krimm haben dringen
„können, wenn man auch nicht über die Linien
„gegangen wäre. Denn nachgehends war es be‍
„kannt, daß derjenige Arm der See bey Asof,
„der an diese Linien stößt, im Sommer der Ver‍
„trocknung so nahe ist, daß er nicht über drey

_____

*) Unser Verf. beruft sich selbst auf Mannsteins Nach‍richt. Er muß sie entweder nicht aufmerksam gele‍sen, oder gar nicht erwogen haben, daß sie gegen ihn ist.

Betrachtungen.

"Fuß Wasser hat, und man also um die Li-
"nien herumgehen kann. — Auf diesem We-
"ge rückte in den beyden folgenden Feldzügen
"Graf Lascy in die Linien ein." —

Man sieht deutlich, daß der skeptische militarische Aenesidemus, unerachtet er Mannsteinen
als Gewährsmann citirt, diese beide Mannstein-
sche Nachrichten seinen Layen verschweigt, und ihnen bloß von dem 12 Klafter breiten und
tiefen Graben und der 70 Fuß hohen
Brustwehr der Linien spricht, die das Genie
in der Kriegsführer-Kunst überstiegen hat! —
Damit hat er denn seine Layen in errorem indu-
ciret, weil er ihnen, da er sie belehret hat, die
Thaten der heutigen stehenden Heere für
nichts achten, nicht deutlich genug erklärte, wie
dem Genie Münnich Unternehmungen geglückt
sind, zu deren Erfolg dessen Genie eigentlich
nichts beytrug. —

Indessen geben diese Münnichische Feldzüge un-
serm Aenesidemus eine schöne Gelegenheit, seinen Lieblingswaffen: Lanzen und Spießen, eine
Lobrede zu halten, und S. 34 auszurufen: "denn
"wahrlich! kein für Elementartaktik geschaf-
"fener Verstand kann sich erbrechen, auf diese Ur-
"waffe der mordenden Menschheit zurückzukom-
"men!" — Die Urwaffe der mordenden
Menschheit wird wohl eine Keule, oder etwas

ähnliches, schwerlich ein Spieß gewesen seyn. Oder sollte Kain schon einen Spieß in seines Bruders Rippen getragen haben?

S. 35. muß der Verf. dem treuen Gewehrsmann, dem General Mannstein, zufolge, von dem so hoch gerühmten Feldmarschall Münnich selbst gestehen: „daß er den Sturm von Okzakow im „Jahr 1737 unternommen habe, ohne zu wissen, „auf welche Art die Stadt befestiget wäre, und, „ohne sie in Augenschein genommen zu haben, auf „der festesten Seite anlaufen ließ, ohne die min„deste Geräthschaft zu haben, über den Graben „und die Kontreescarpe zu kommen." Wenn man das von einem Feldherrn weiß; wenn man ferner in des mehrerwähnten Generals von Mannstein Nachrichten S. 213 findet: „wäre er (näm„lich der Feldmarschall Münnich) um die Stadt „herumgezogen, und auf der Seeseite auf sie los„gegangen; so hätte er sie viel leichter einbe„kommen — denn da stand bloß eine einzige „Mauer, die sogar an einigen Orten beschädiget „war;" — so kann man nicht begreifen, wie unser Aenesidemus dem Feldmarschall Münnich mit dem Namen eines Genies in der Kriegsführer-Kunst beehren kann; er, der Friedrich dem Großen militarisches Genie absprach und dieses großen Feldherrn wichtigste Thaten dem Glücke zuschreibt. Da der Verfasser, wie wir in der Folge

S. 54 sehen werden, von den Generalen seiner Kriegsgöttin nicht viel Klugheit, keine große Verdienste, keine — wenigstens nicht viele Kombinations-Gabe verlangt; so wollen wir ihm hier einen Bericht des östreichischen Obersten von Bärenklau vom 26. Julius 1737 vor die Augen legen, damit er sich selbst überzeugen möge, was bey Münnichs wilder und kunstwidriger Art, Krieg zu führen, herauskomme. Dieses wichtige Aktenstück giebt überdieß auch Aufklärung über die Beschaffenheit des damaligen russischen Soldaten, und wird daher unsern Lesern gewiß nicht unangenehm seyn. Wir lassen es aus Herrn Woltmanns Zeitschrift: Geschichte und Politik 6tes Stück ganz so abdrucken, wie es daselbst steht, damit es ja nichts von seiner Glaubwürdigkeit verliere.

„Dahero wurde resolviret Oczakow mit der
„größten Force anzugreifen um sich dessen zu bemeistern, bevor der Feind ankäme, besonders
„aber da man von der Russischen Flottille keine
„Nachricht hatte, dahero man äußerst trachten sollte. etwas zu tendiren, bevor noch ein starker
„Succurs von dem Feind zu Waßer kommen
„möchte, es lagen zwar 16 halbe Galleeren im
„Hafen, und 2 große auf 2 Stund von Oczakow,
„welche dem Ansehen nach wenig Leute hatten, die
„2 großen aber wegen Seichte des Waßers sich
„nicht nähern haben können, ohngefähr um 10 Uhr

„da annoch die Generalität im Conseil und De-
„bat ohne was positives abzufassen versamlet
„ware, wurde der erste Allarme in der Armee ge-
„schlagen, so sahe man gegen dem recht und lin-
„ken Flügel den Feind ziemlich nahe heranrucken
„deme die Piqueter unter Anführung des Gene-
„ral lieutenant Löwenthals entgegen rucken ließe,
„auf dem rechten Flügel ware der Feldmarschall
„selber, und ließe gegen den Feind ausrucken, es
„wurde selbiger zurück repoussiret, mag auch et-
„was verlohren haben, aus dem kleinen Gewehr
„wurde durch die Regimenter gefeuert, aber
„ziemlich weit, gegen 500 Schritt, so
„konfus und alles in die Höhe, daß
„darüber erstaunet bin, wie der Feind wiche, so
„wurde er durch die Donische Cosaquen verfolget,
„der Verlust von dem Feind mag sich auf ein we-
„niges belaufen haben, der Feldmarschall ware
„allenthalben selber in Person und admonirte die
„Donische Cosaquen, um 8 Uhr abends wurden
„5000 Arbeiter und 5000 Bedecker commandiret,
„ruckten nach der Retraite aus, um gleich in
„der Nacht zwischen den Linien und den Schwar-
„ßen See 5 Redouten und 4 Epaulements aufzu-
„werfen, um künftig einer Contrevalation die Ar-
„mee gegen die Ausfälle der Garnison zu decken,
„als auch die Queu oder Ouverture der Tren-
„chée zu formiren dienen kannten, es gienge

"aber so konfus zu auf der linken Seite, daß
"schon Mitternacht paſſiret ware, ehe man etwas
"ausſtecken konnte, dahero der Feldmarſchall die
"Arbeiter und Bedecker auf dem linken Flügel
"einrucken ließ, weilen ſie mit ihrer Arbeit vor
"dem Tag nicht fertig werden kunten, die Con-
"fuſion und Terreur ware ſo groß, daß
"die Arbeiter und Bedecker vermiſchet
"waren, und man ſolche nicht auseinan-
"der klauben kunte, auf dem rechten Flügel
"aber wurde die Ordnung beßer obſerviret, bei
"dem äußerſten führete der Brigadier Lieven, und
"bey dem andern der Oberſte Jerabkin das Com-
"mando, es waren beide Poſti nur einen halben
"Kanonenſchuß von der Feſtung, als präparirte
"man ſich, ſo bald der Feind ſolches gewahr wer-
"den möchte, zu einem Ausfall, weil man die
"Garniſon mit denen Inwohnern auf $\frac{20}{m}$ Mann
"hielte, ſo wurde das Piquet von den gantzen
"rechten Flügel unter Commando des General en
"Cheff Romanzow beordret, um die Redouten zu
"ſouteniren, gleich darauf ſollten alle Grenadiers
"von der Armee nebſt allen Coſaquen folgen, der
"Feind hatte auf der rechten Seiten gegen dem
"Liman zu eine Linie vor ſich, aber auf dem lin-
"ken über beſtunde das Terrain aus Gärten, ſo
"nicht bebaut geweſen, dieſe Gärten waren auf
"eine beſondere Art gemacht, daß ein jeder Gar-

„ten eine Redoute mit Brustwehr und Gräben
„ausmachte, so daß alle Avantage des Ter-
„rains, sonderlich unter dem Canon von
„Seiten des Feindes waren, wann er nur
„verstanden hätte davon zu profitiren,
„dann die Garnison stark genug ware diesen avan-
„tageusen Terrain Fuß vor Fuß zu disputiren im
„Stande ware, gegen 6 Uhr Morgens waren die
„Vortruppen beider Parteien im Feuer hart an-
„einander, und wurde die Armee unter das Ge-
„wehr gestellet, die Hälfte der Regimenter mußten
„mit denen Fahnen bis an die Vorposten rücken.
„Das Feuer continuirte fast unter einer beständi-
„gen Canonade, dem ungeachtet wurde dennoch
„der Feind aus einem Garten in dem andern,
„endlich auch aus der Linie getrieben, die Rußen
„aber von Stunde auch also davon profitirten, und
„noch vor Nacht die gantze feindliche Macht sich
„hinter die Pallisaden retiriren mußte; die Rußen
„saßeten Posto bis ein Musketenschuß von der Fe-
„stung, das Feuer ware stark aus derselben, man
„verlohr viele Leute, weil sie sehr decouvrirt wa-
„ren, hatte auch keine Faschinen noch Wollsäcke,
„um sich zu decken, bey diesem von Morgen bis
„den Abend anhaltenden Feuer ließe man die Feld
„und wenige Artillerie an Mörser, Canon und
„Haubitzen in die öffentliche Landstrassen stellen,
„welche nach der Stadt führet, auf die Distanzen

„stellen, daß solche die Stadt bombardiren und
„kanoniren kunnten, dann um Bresche zu
„schiessen ware es viel zu weit, als
„auch die Canons zu demontiren, die
„Artillerie ware ohne Batterie aufgestellet, so bloß
„es waren 6 Stück und 4 Mörser, so höchstens
„60 Bomben warfen, diese mußten nun Tag
„und Nacht spielen, es zündete einigemale bey dem
„Tage in der Stadt an, so aber wieder gelöschet
„wurde, bis endlich das Feuer so in der Stadt
„mit anbrechenden Tage so überhand nahme daß
„der obere Theil der Stadt in Flammen stand,
„so als der Feldmarschall aufwachte (??)
„und angezogen ware ließ er die sämtliche
„Truppen so in der Trenschee waren, ausrucken,
„er gienge aber selber voraus, und sagte
„man sollte unter dem Flintenschuß bis an der
„Contrescarpe anrucken, er gienge aber sel-
„ber voraus, mithin folgten ihm die
„Truppen und zwar so confus als es nur
„möglich erdacht werden kunte, ehe ich
„darauf gedachte fienge man die Vor-
„werker an zu stürmen, ohne daß eine
„Ordre vorher hierüber ergangen
„wäre, oder aber Bretter oder was dazu
„gehörig zu übersteigen, oder sich zu logi-
„ren, wäre mitgenommen worden. Wer
„vorruckte, der war dem Feldmarschall

„angenehm, die hintern schossen in
„die Vordern, der Feldmarschall ritte
„herum mit seinen Bedienten, welche
„die Leute peitschten, Palli Stupai,
„unter andern ein Jäger sich mit Peit=
„schen distinguirte, welcher zum Hu=
„saren Cornet ernannt worden, wurde er
„repoussirt, so gienge wieder ein ander an, diese
„wichen wieder, führete der Feldmarschall andere
„an, man wollte absolute die Stadt mit Sturm
„haben, ohne Bresche geleget zu haben, nachdeme
„man also ein paar Stunden ohne einen Schritt
„Vorwerker zu profitiren gestürmet hatte,
„mußte man sich auf die vorige Distanz so
„man bei der vorigen Nacht gehabt, postiren;
„die Türken fielen aus und thaten noch großen
„Schaden, ja wenn sie dem Ausfall prosequirt
„hätten, wären wir ins Lager zurück gegan=
„gen und die Belagerung aufgehoben,
„weilen aber das Feuer gar zu stark brannte,
„mußten die mehresten mit Löschung desselben oc=
„cupiret gewesen seyn, so einzig das Glück der
„Armee, die zur Trenschee destinirte Mannschaft
„so diesen unverhoften und nie erhörten Sturm
„gethan, auf einem Ort wo keine Bresche
„geleget war und $\frac{15}{m}$ Mann Garnison ist, mö=
„gen 16000 Mann ausgemachet haben, einige
„sind davon in den Graben gesprungen,

"aber nie wieder herauf können, dann er
"bis gegen drittehalb Klafter tief und ein gleiches
"breit ist, was nun für Verlust dieser Sturm ge-
"kostet hat, ist leicht zu erachten, die besten Gene-
"rals blessiret, sie geben den Verlust an Todt
"und Blessirten auf 3766, ich glaube daß in dem
"Sturm die Hälfte mehr geblieben seyn muß, wie
"alles dieses so übel gienge nahme der Feld-
"marschall wie ein rasender Mensch eine
"Fahne in die Hand, gienge an dem Gra-
"ben, es wollte ihm Niemand fol-
"gen, außer der Prinz von Wolffenbüttel und
"seine Suite, ich glaube er wollte sich tödt schieß-
"en lassen, so desperat war er, die gantze
"Ordnung so bei den Sturm gegeben, be-
"stunde in dem Wort Stupai so Mar-
"sche heißt und palli gieb Feuer, es wur-
"de ein entsetzliches Feuer von der Ruß-
"sischen Seite gemacht, aber das gien-
"ge alles in die Höhe, daß nicht
"10 Mann von dem Feind geblieben mö-
"gen seyn, da versteckten sich Grenadiers
"im Graben, da Officier, es ware alles
"repugniret, ich kann E. E. versichern,
"daß es keine Armee ist, so im
"freyen Feld vor den Türken
"erscheinen kann, die Mannschaft
"ist schön, aber alles feuert in die Luft,

„keine Ordnung, wer vorgehet der ist
„beliebt, es folgt ihme Niemand, ist auch
„nicht unrecht wenn er zurückgehet, keine
„Indianer hätten mit mehr Confusion
„einen Sturm geben können, als eben
„dieser gethan worden, wie nun dieser
„unglückselige Sturm völlig abgeschla-
„gen ware, ich ganz desperat gewesen,
„denn solches viele üble Folgerungen
„nach sich ziehen können, in etlichen Ta-
„gen hätte man die Belagerung von Oc-
„zakow aufheben müssen, so wurde befoh-
„len, daß man aus denen Stücken und Mörsern
„zu feuern continuiren sollte, so auch so vehemente
„ware, daß nur furchte, daß die Stücke springen
„würden, der Leontew noch weit mit der Artille-
„rie ware, jedoch hat es dem unerschöpflichen Wil-
„len Gottes gefallen, daß eine derer Bomben in
„ein Pulver Magazin fiele, worinnen 500 Ton-
„nen Pulver waren, welches in die Luft sprunge,
„eine halbe Stunde ein anderes von 300 Tonnen
„darauf folgte, diese beiden haben großen Scha-
„den in der Stadt gethan, und der Brand con-
„tinuirte, die Stadt ist klein, so steckten die Tür-
„ken die weisen Fahnen um 12 Uhr den
„13ten aus, ich war der erste, der solchen erblickte,
„und es dem Feldmarschall anoncirte, darauf ka-
„me ein vornehmer Türk an, der zu capituliren

„antruge, bis Morgen die Stadt zu übergeben, „der Feldmarschall hielte solchen zu lang „auf, als er wieder zurückgienge, schli= „chen sich etliche Grenadier und Cosaken „in die Pforte, bemächtigten sich sol= „cher, dann die Türken fast alle ver= „schmachtet waren, wegen des grossen „Feuers, daß sie nicht im Stande waren „sich zu mehren, auch glaubten daß ihr „Deputirter schon den Akkord geschlos= „sen, hierauf als die Russen in die Stadt „gedrungen, erfolgte eine grausame Ma= „sacre von allem was man antrafe, die „Türken sprangen in den Nieper oder Liman, „viele ersoffen und wurden ohne Unterschied ma= „sacrirt, bis auf dem Sereskier und gegen „2000 Manns= und Weibs=Personen, der Se= „reskier sagte bei dem Anmarsche der Russen wäre „seine Garnison aus 12000 Mann bestanden, ohne „die Inwohner, er sagte daß er sich nicht genug „verwunderte, wie die Russen den Sturm vorneh= „men können, dann wann er die Saucison in de= „nen Minen verfertigt gehabt hätte, so wären sie „ja alle in die Luft gesprengt worden; er hätte „aber geglaubt, sie würden ihm ordentlich atta= „quiren, derohalben er erst die folgende Nacht die „Minen verstopfen und zumachen wollen lassen; „allein es hätte Gott so gefallen, darum müßte

„er sein Unglück leiden, zu verwundern wäre, daß
„währenden Sturm und Uebergab der Festung die
„16 Galliotten und 2 Galleeren nichts tentirer ha,
„ben, sondern haben sich retiriret, wie das Feuer
„aufgehöret hat, das Spectacle von den todten
„Menschen und Pferden ist nicht zu beschreiben,
„an Todten hat man aus der Stadt 14000 aus,
„führen lassen; dieß ist der eigentliche Zu,
„stand wie Oczakow den dritten Tag nach
„der Berennung erobert worden, allein
„die Russische Armee auch so ruiniret
„worden, daß sie sich über den Bug zie,
„hen müssen vor heur nur nicht allein
„nicht was vornehmen kann, sondern
„sich mit dem Bug bedecken und retren,
„schiren muß, dann von den 7ten an hat nie,
„mand fouragiret, Viehe und Menschen Durst ge,
„litten, daß wenigstens 8000 Stück Viehe und
„Pferde von den 7ten bis 17ten July crepiret seyn,
„das andere übrige so matt, daß es nicht gehen
„kann; die Beute so sie in der Stadt bekommen
„ist sehr considerable; allein da wir den 13ten
„schon die Stadt gehabt, so hat man auf nichts
„gedacht zu löschen, die Truppen um den Graben
„postiret, gemordet und geplündert und den 14ten
„noch durch die Erhitzung 2 Minen gesprungen
„und etliche 100 Mann beschädiget und todt ge,
„macht, mit welchen der Oberste Balzur getödtet

„worden, von den Rußischen Soldaten habe bey
„dieser hitzigen Gelegenheit können lernen, daß sie
„wehrhaftig, obwohlen so gute Opinion von der
„Infanterie gehabt, so habe gesehen, daß kein
„Mensch recht anschlagt, er läuft wohl an, allein
„er weiß nicht warum, geht dann auch ger-
„ne zurük. — Wie nun die Stadt über ware,
„so ist keine Ordre mehr unter dem gemeinen
„Mann gehalten worden, kein Officier hat
„ihm nichts sagen dürfen, sie haben ih-
„nen gleich gedrohet, sie wollten es ih-
„nen machen wie denen Türken, so noch
„ein Rest von denen alten Strelitzen ist, 2 Volon-
„tairs Obristlieut: Schultz von Sachsen, und
„Hauptmann Hohnstädt haben wollen einige Tür-
„kinnen retten, seynd von denen Rußen massa-
„criret worden, den pohlnischen General Ma-
„jor Flemming und mir wäre es bald auch also
„ergangen, es hat Niemand mit denen
„Rußen die ersten 24 Stunden etwas
„richten können." —

Dieß sollen also nach unsers militarischen Aenesidemus Meinung die Schaaren seyn, mit welchen man am meisten ausrichten kann!!!
Difficile est satyram non scribere!

S. 45. heißt es „diese Bewegung (der Ruß-
„sen am 28 August) war aber nur geschehen, um
„der Feinde ganze Aufmerksamkeit auf diese Seite

„zu senken, und sie dadurch abzuhalten, die Linken
„auf ihrer Linken zu Stande zu bringen, mit de-
„nen sie nur erst den Anfang gemacht hatten."
Diese Linien würden schon vor dem Anfang der
Bataille vollendet gewesen seyn, wenn es keine
türkische, sondern eine geübte Armee gewesen
wäre, welche diese Stellung nahm. Vielleicht waren sie bey einer solchen nicht einmal nöthig, da in
Zeit von 10 oder 12 Minuten Truppen dahin geschickt und postirt werden konnten, wenn dieß auch
anfänglich unnöthig geschienen, oder gar verabsäumt
worden wäre. — Unter einem Feldherrn, welcher
die Kriegskunst verstanden hätte, und bey einer geübten Armee würde das Mißlingen der
auf die Russen gemachten Angriffe keine Flucht
verursacht haben; die Truppen, welche diese Angriffe gemacht, würden in ihre erste Stellung zu-
rükgegangen seyn, in welcher sie nunmehr von den
Russen selbst hätten angegriffen werden müssen.
Hätten diese Angriffe auch einen unglücklichen Erfolg gehabt, d. h. wäre auch die Schlacht verlohren gegangen; so lief deswegen eine geübte Armee
nicht, wie eine Heerde Schafe, auseinander, in die
der Wolf eingedrungen ist. Die Belagerung von
Chozim mußte, nach allen Regeln, vorgenommen
werden; und indessen würde sich die geschlagene
Armee wieder gesammelt haben u. s. w u. s. w.
u. s. w. — Alle die Folgen, die der Verf. S. 55 an-

gleds, würden nicht statt gefunden haben. Denn nicht dem blinden Zufalle, sondern ganz allein der Dummheit seines Gegners und der Undisciplin der feindlichen Armee hatte Münnich sein unverdientes Glück zu danken. — Daher sind alle die schönen Redensarten S. 54. „Die Austheilerin der Siegeskronen will jedoch „nun einmal den Postulanten nur höchst selten „Anlaß zu dem Dünkel geben als hätten sie ihrer „Klugheit viel beizumessen; ohne großes Verdienst „liebt sie zu beglückseligen; Vertrauen zu ihr und „Muth soll der Günstling haben, bei Ungnade „aber nicht mit Kombinationen Abgötterey trei„ben," nichts — als rhetorische Floskeln, unwürdig der Sache, unwürdig des Aenesidemus, der hier ein militarischer Philosoph seyn will, — weil sie keine Wahrheiten enthalten.

XX. Abschnitt. Die Russen unter Elisabeth und Katharina.

Wenn der Verf. die Absicht hatte, die Ereignisse bey Jägerndorf als Beweise der Unzuverläßigkeit der Kriegskunst anzugeben; so ist ihm zu antworten, daß ein Fall, wie hier bey Jägerndorf, wo gar keine Regel beobachtet worden ist,

sich

sich nicht dazu eigene, Schlüsse über die Zuverlässigkeit oder Unzuverlässigkeit einer Kunst zu abstrahiren, die dabey gar nicht in Anwendung kam, vielmehr mit der größten Gleichgültigkeit behandelt wurde. Der Verf. giebt selbst die ersten Grundzüge der Disposition an, die der Feldmarschall Lehwald hätte befolgen sollen; und wir müssen gestehen, daß diese ersten Grundzüge vortrefflich sind und, höchst wahrscheinlich, einen glücklichen Erfolg hervorgebracht haben würden, wenn die darnach entworfene Disposition befolgt worden wäre. —

Wenn der Verf. S. 65 sagt: „denn ungeachtet jetzt Kollin die Preußen gelehrt hatte, daß „die taktischen Grundwahrheiten, an die „sie bisher geglaubt, nicht unumstößlich wa„ren," u. s. w., so ist ihm zu antworten: daß der Vorfall bey Kollin die Preußen gerade vom Gegentheile, d. h. von der Unumstößlichkeit der taktischen Grundsätze überzeugen mußte. — Denn das Festhalten an diese Grundsätze würde ihnen den Sieg bey Kollin verschafft haben; so wie ihnen das Abweichen von diesen Grundsätzen den Sieg aus den Händen riß. — Man sehe nur, was der König (Oeuvres posth. T. III. S. 172) von dem General erzählt, welchen unser Verf. den Marius, den gebohrnen Armee-Censor nennt. „Eine Schaar wil-

„der Gänse (S. 120) die sich auf einem Felde
„niederlassen, ist das Bild hierzu, nämlich zur
türkischen Armee. — Wie kann nun eine
Schaar wilder Gänse zu Betrachtungen über die
Fortschritte, Widersprüche und Zuverlässigkeit der Kriegskunst Anlaß geben! —

Wenn die Operationen (S. 122.) unter der
Einwirkung des Generalquartiermeisters
Bauer eine bessere Gestalt nahmen, — so beweist dieß doch wohl, daß die Kunst etwas vermöge?

„So weit dieser Offizial-Bericht," heißt es
Seite 138, „in welchem, wie es so oft zu gesche-
„hen pflegt, des wahren Verdienstes nicht gedacht
„wird, das stattliche Verdienst der spanischen
„Reiterey unerwähnt bleibt." — Diese spani-
sche Reiterey, wie sie der Verf. im Scherze
zu nennen beliebt, mag aber doch bey dem Pla-
männikowschen Quarree dießmal ihre Schuldigkeit
nicht gethan haben. — Oder war dieses Quarree
mit keinen spanischen Reitern versehen? —

S. 141. „Da stände nun abermals ein Me-
„mento für den auf sein Bajonett pochenden Tak-
„tiker, aus welchem er lernen könnte, wie fehl-
„bar der bajonettirte Kuh-Fuß, die Flinte, sich
„zeigt, wenn der den Kampf Mann für Mann
„nicht scheuende anlaufende Gegner, während des
„Ladens, eintrift, oder auch im entgegengesetzten

„Falle den Stoß ausparirt, die Mündung packt,
„und zwischen die Rotten eindringt." — Wenn
wir beide Theile gleich brav annehmen, und das
muß man doch, so möchte ich denjenigen sehen,
der die Mündung eines geladenen Gewehrs packen,
oder diesem Gewehre wie einem Flederwische auspa-
riren und in Rotten eindringen will, wo geladene
Gewehre des zweiten und dritten Gliedes liegen. — Wenn die Soldaten des Plämännikow-
schen Quarrees eben so brav gewesen wären wie
die anlaufenden Türken; so würden diese nicht eingedrungen seyn. — Dieses Eindringen würde aber
auch, bey dieser Voraussetzung, statt gefunden haben, wenn die Russen mit des Verfassers schwan-
kenden Piken versehen gewesen seyn würden.

Hassan Bey's (S. 143) Unternehmung auf
Lemnos beweist freylich, was Muth, aber auch,
was panischer Schrecken vermag. — Wären
die Russen auf Lemnos gehörig disciplinirt
gewesen; — sie würden so nicht gelaufen seyn. —
Man vergleiche diese Russen mit den Preußen
bey Hochkirch!

„Während eines Sturms, eines Angriffs
„(S. 150) — schieße, stoße, haue man nie-
„der." — Ja! — Freylich; leider, Ja! —
Aber, hier ist eben die Grenze, wo, wie der Verf.
selbst an irgend einer Stelle sagt — das Talent
des Feldherrn auf einige Stunden auf-

hört. — Nur Nothwendigkeit kann den klugen Feldherrn dazu zwingen, der Wuth seiner Truppen freyen Lauf zu lassen, auf diese nicht zu berechnende Ausbrüche ihres Muthes den glücklichen Erfolg seiner Entwürfe zu kalkuliren. — Der wahre Feldherr wird diese Mordscenen höchst selten eintreten lassen; aber durch wissenschaftliche Märsche, durch feste Stellungen gewisser Abtheilungen seiner Armee, — wie oben des Finkischen Korps auf den Höhen von Tretrin, durch überraschende Manöver, durch scheinbare Rückzüge u. d. g. seinen Zweck mit möglichster Schonung des Blutes zu erreichen wissen, — und nur dann Blut vergießen, wenn sonst kein Mittel mehr vorhanden ist, den Zweck des Feldzuges, des Krieges zu erreichen. — Männern dieser Art, nicht Wütrichen, wie Potemkin und Suwarow, — grünet ein ewiger Lorbeer, — errichtet die Menschheit Altäre! — Nicht dem blinden Glücke haben sie ihren Ruhm zu danken. Ueber seine Launen erhaben, wissen sie dasselbe zu benutzen, und, wenn unerwartete Ereignisse, Unglücksfälle eintreten, demselben Grenzen zu setzen. — Männer dieser Art können dadurch nie so niedergedrückt werden, daß sie alle Geistesfassung verlieren sollten. Das sahen wir an Friedrich dem Großen!

Nun läßt der Verfasser einige Fragmente folgen. Das erste Fragment beschäftigt sich mit der Kritik der Beurtheilung des Operationsplans, der in den ersten Monaten des Feldzuges 1794 befolgt wurde, und welche Beurtheilung man in dem fünften Bande des Magazins der merkwürdigsten Kriegesbegebenheiten S. 169 u. s. w. findet. — Der Verf. erklärt diese Beurtheilung für Kolomb's Ey, und schlägt einen andern Operationsplan vor, vermöge dessen die Armee des Herzogs von York, nachdem sie sich aus Flandern Schritt für Schritt zurückgezogen, über die Schelde hätte gehen, und eine Stellung zwischen Dornick und Oudenarde nehmen sollen. — Der Wirkungskreis dieser Armee hätte sich bloß auf den rechten Flügel und auf dem rechten Schelde-Ufer bis Dendermonde und Antwerpen erstrecken müssen. — Letzterer Ort würde überhaupt den Anstützungspunkt des rechten Flügels, so wie Mastricht den Anstützungspunkt des linken Flügels haben abgeben müssen, und die zwischen Antwerpen und Mastricht zu ziehende gerade Linie würde die Operationsbasis gewesen seyn. — Die holländische Armee, verstärkt mit 20,000 Oestreichern, hätte, — dem Verf. zufolge, — eine Stellung zwischen Bieche, Thim, Charleroi nehmen, und den Wirkungskreis ihres linken Flügels bis Namur erstrecken müssen. — Die im Feldzuge 1793 bereits eroberten Festungen Condé, Valenciennes, Le Quesnoi würden die Verbindungsglieder der holländischen und englischen Armee gewesen seyn. — Mit der Hauptarmee würde der Verf. bis Chateau Cambresis vorgegangen seyn, und versucht haben, den Feind zu schlagen, und dann Landrecy, nach diesem aber Maubeuge zu nehmen. — Gegen dasjenige, was die Feinde von Cambray und Avesnes aus unternehmen konnten, deckt sich der Verf. durch eine Stellung bey Barleimont und Huntebicke, wo er besonders von der schönen zahlreichen Reiterey Gebrauch machen will, (welche sich aber in diesen waldigten Gegenden wenig wirksam gezeigt haben dürfte). Wenn Pichegrü und Jourdan gegen York und Oranien hätten Gewalt versuchen wollen; so würde ihnen der Verf. entweder über Condé oder über Beaumont in den Rücken gegangen seyn. — Das kleine schwache Avesnes, nebst dem Schlosse zu Guise hätte der Verf. nicht geachtet, und wäre dann gerade auf Laon, das große Magazin losgegangen u. s. w. u. s. w. —

Ich wage es zu behaupten, daß auch dieser Operationsplan, — wenn auch alle erforderliche Mittel vorhanden gewesen wären, dennoch nicht zum Ziele geführt haben dürfte. — Die Flanken, welche York und Oranien decken sollten, waren zu lang, und die Haupt-Operation sollte immer auf einer Spitze geschehen, die, wenn jene

Flanken, ihre Grundpfeiler, gesprengt wären, in sich selbst zusammenstürzte. — Die französische Armee, die in Flandern agirte, hatte Lille zum Anstützungspunkte ihres rechten Flügels; ließ sie hier ein Korps stehen, so konnte der größte Theil dieser Armee an den Lys herunter gehen, Gent nehmen, und Antwerpen bedrohen, wodurch York genöthiget wurde, rechts abzumarschiren, und sich bey Dendermonde zu setzen. — Die französische Sambre-Armee, — was hinderte sie, bey Charlemont und Givet die Maaß zu passiren; zwischen diesem Flusse und der Ourte bis gegen Lüttich herunter zu gehen, und diesen Ort zu bedrohen? Hiedurch würde Oranien genöthiget worden seyn, links abzumarschiren. — Diese beyden Feldherren, in so großen Entfernungen von der Hauptarmee, würden um Hülfe, um Verstärkung zu bitten sich gemüßiget gesehen haben. — Wäre nun Landrecy mit einer guten Besatzung und mit allem, was zur Vertheidigung gehört, versehen gewesen; hätten sich die Franzosen bey Chateau Cambresis nicht in eine offene Feldschlacht eingelassen; hätten sie vielmehr von Bouchain und Cambray aus alle Tage mit Angriffen gedroht, und die Kräfte ihrer Gegner durch Vorposten-Gefechte zu erschöpfen gesucht; — so würde am Ende die ganze Operation, mit sammt dem Marsche auf Laon, doch in die Brüche gefallen seyn. —

Mir hat es immer geschienen, als wenn der ganze Krieg und alle Operationen desselben — verpfuscht worden wären, und das gleich im Anfange. — Gleich beym ersten Anfange der französischen Revolution im Jahre 1788, konnten denkende Köpfe voraussehen, daß durch diese Umkehrung der Dinge Ereignisse entstehen würden, an welchen alle Mächte Antheil zu nehmen gemüssiget werden könnten. Schon damals also mußte irgend ein Kabinet einen allgemeinen Operationsplan für den zu entstehenden Krieg entwerfen lassen. — Die Erfahrung dreyer Jahrhunderte mußte uns gelehrt haben, daß offensive Kriege in Flandern nie zu einem großen Zwecke geführt haben; und der Umstand, daß der zerstöhrende Geist Josephs des Zweyten die sogenannte Barriere-Plätze vernichtet hatte, mußte uns von der Unanwendbarkeit einer Offensive in diesen Gegenden vollends überzeugen. — Man mußte also allerdings zwischen Antwerpen und Mastricht, aber etwas mehr rückwärts, eine Operationsbasis etabliren, und dazu auch die übrigen holländischen Festungen, als Bergen op zoom, Breda, Herzogenbusch nehmen. — Zwischen dem Meere und der Maaß; zwischen der Maaß und der Mosel mußte man, wenigstens im ersten Feldzuge, und selbst bis zu einer gewissen Periode im zweyten Feldzuge defensive gehen; eine desto nachdrucksvollere Offensive aber zwischen der

Mosel und dem Rhein führen, und Landau und Pfalzburg und Saarlouis zu den Eroberungs-Gegenständen des ersten Feldzuges machen, um im nächsten und zweyten Feldzuge zur Belagerung und Eroberung von Metz schreiten zu können. — Zu eben dieser Zeit mußte man die Neutralität der Schweiz nicht anerkennen, zwischen dem Bodensee und Hüningen über den Rhein gehen, und bis auf das Gebirge La Cote d'or vordringen; so daß man die Quellen der Mosel und Maaß umging, und nun, im zweyten oder dritten Feldzuge, längs der Marne und Seine zu eben der Zeit nach Paris vordrang, zu welcher die Armeen, die wir oben zwischen dem Meer und der Maaß, zwischen der Maaß und Mosel verlassen haben, jene über Laon, diese über Rheims avancirten, und uns an der Aisne und Oise die Linke, so wie wir ihnen an der Marne die Rechte boten. — Es verstehet sich, daß diese Operationen mit zweckdienlichen Maaßregeln jenseits der Alpen und am Po in Verbindung gestanden haben müßten. — Ein solcher Operationsplan, den man schon vom Jahre 1788 an, nach allem Detail von fähigen Köpfen hätte bearbeiten lassen müssen, würde zu einem großen Zwecke geführet haben. — Man hätte Frankreich in die Grenzen hinter der Rhone, hinter der Maaß, und hinter der Saonne zurückdrängen können. — Daß Frankreichs Grenze jetzt die

Etsch und der Rhein sind, daran sind jene fragmentarische Operationsplane Schuld; und daß diese existirt haben, daran ist der kleine Umstand Schuld, daß in den Köpfen unserer meisten heutigen Politiker Kriegskunde und Politik nicht miteinander vereinbaret, sondern besondere Fächer sind, deren Vorsteher jeder seinen Weg gehet, ohne sich um den andern zu bekümmern. — Wäre dieser Operationsplan im Jahre 1791 völlig bearbeitet gewesen, und hätte ihn eines der Staats-Kabinette der Koalition vorgelegt; so würde er wahrscheinlich angenommen worden seyn, und wir würden nun die Folgen eines solchen Verfahrens einzuerndten haben.

In dem zweyten Fragmente stellt der Verf. zwischen der bekannten Schrift des Generallieutenants Grafen von Schwerin, den Feldzug in Polen betreffend, und dem Beytrage zur Geschichte der polnischen Revolution im Jahre 1794 (Frankfurt und Leipzig 1796) eine Vergleichung an, — um zu zeigen, welcher Verlaß auf Postirungen längs Flüssen und Bächen, und was von dem Unternehmen zu halten sey, mit verschiedenen weit herum gesandten Abtheilungen, auf eine Masse von mehreren Seiten her mittelst abgemessener Märsche anzudringen, selbige auf diese Art zu umzingeln, zwischen zwey, drey, vier Feuer zu bringen, und so ihren Untergang zu bewerkstellgen. — Ich füge dem allem nur hinzu, daß mir der Feldzug in Polen von seinem ersten Anfange bis zu seinem Beschlusse so sehr unter aller Kritik scheint, daß die begangenen Fehler des ehemaligen Generallieutenants Gr. v. Schwerin selbst nicht einmal als Warnungszeichen angeführt zu werden verdienen.

In dem dritten Fragmente macht der Verf. einige Bemerkungen in französischer Sprache über die vom General Dumas geschriebene Précis des evenemens militaires. — Ich glaube, der Verf. der Betrachtungen hätte besser gethan, diese seine Quelques remarques in seiner Muttersprache zu schreiben, die er besser versteht als die Sprache des Galliers.

Hiermit beschließe ich meine freymüthige Bemerkungen über die Betrachtungen des militarischen Philosophen Aenesidemus. Ich wünsche, daß er wenigstens die Wahrheitsliebe, die mich geleitet hat, nicht verkennen möge, da sie meiner übrigen Hochachtung gegen ihn keinen Eintrag that.